Rhys Murray

Su Doku
for children

Published by
Kandour Ltd
1-3 Colebrooke Place
London N1 8HZ
UNITED KINGDOM

This edition printed in 2005 for
Bookmart Ltd.
Registered Number 2372865
Trading as Bookmart Ltd
Blaby Road
Wigston
Leicester LE18 4SE

First published 2005

Managing Editor: Kaspa Hazlewood
Design: Alexander Rose Visual Communication Ltd
Production: Karen Lomax

Copyright ©Kandour Ltd
ISBN : 1-904756-70-0

Printed and bound in Great Britain by William Clowes Ltd, Beccles, Suffolk

How to enjoy Su Doku

4	8	2	9	6	2	1	3	7
5	3	1	6	4	8	7	9	2
7	6	9	8	3	1	4	2	5
3	9	4	1	7	3	2	5	8
2	7			9			1	6
8	1			5		9	4	3
6	2	7	3	1	9	5	8	4
1	4			8	6		7	9
9	5	8	4	2	7	3	6	1

Welcome to Su Doku World

Su Doku is the new puzzle from Japan and it's sending the world mad. The rules are quite simple: fill the empty cells so that each row and column and each 3x3 cell box contains the digits 1 to 9. This is the basic form of Su Doku. Though this sounds easy, it is tough. Mathematical skills are not needed; however, logic and reasoning are required. Enjoy the challenge! Once you start you can't stop!

How to play Su Doku

Guess the number from the row

x	x	7	x	(2)	4	x	x	x
4	1	x	x	x	x	x	(2)	x
3	(?)	9				5		

You can start from anywhere, but the 3x3 cell box filled with the most numbers is usually a good place to start. Pay attention to the box on the left. What fits in the bottom row of the left box? At a glance, you may notice the two 2s in the top row and middle row. Remember, each grid row, column and 3x3 cell box has room for only one of each number. Consequently, the cell in the bottom row can only be filled with the number 2.

Pay attention to the columns and rows, too

		7	x	2	4			
4	1		x	x	(?)		2	
(3)	2	9	x	x	x	5	x	x
9	8		(3)	x				
			9	7	2			
			x	x			5	1
	4	x	x		8			9
	5		x	x			3	6
			1	(3)		4		

Meanwhile, concentrating on the stack of boxes down the middle, you can recognize similar patterns. The middle box has a 3, and the bottom box has its 3. Accordingly, in the top box, the left column and the middle column can't have 3. However, in the top-left box, there is a 3 in the bottom row which means there can't be any more 3s in that row. Therefore, in the top-middle box, the 3 can only be in the cell under the cell containing 4.

How to guess the missing number

Apply these rules then continue!

		7		2	4			
4	1				3		2	
3	2	9				⑤		
9	8		3					
			9	7	2			
				8			⑤	1
	4				8		9
	5					3	6
		1	3		4		?

To progress, you need to use some particular techniques. Let's fill the four empty cells in the bottom-right box. The empty cell in the bottom row of the right column can be easily guessed from the two 5s in the stack of boxes down the right.

What's next?

After putting the digits 5 in the cell of the bottom-right corner, let's guess the other missing numbers in the bottom-right box. As there is a 2 in the top-right box, it is not difficult to fill the empty cell surrounded by 8, 4 and 3 in the bottom-right box.

	②	
5		
	5	1
8		9
?	3	6
4		5

How to guess the missing number

And in the end?

		4				8	(?)	9
	5					2	3	6
			(1)	3		4		5

There are only two empty cells left. You can find the missing number between 8 & 9 by recognising a 1 in the bottom row, in the middle box. Finally, in the bottom-right box, there are eight digits, and so the missing number 7 completes the cell.

An advanced technique
- using temporary numbers

With the number 8 in the middle box and the number 5 in the bottom box, the empty cell in the top row can't be filled with the digits 5 or 8. Instead, the cells in the left column and the right column of the top box can be filled with either of them. To sum up, you can keep the two empty cells with the temporary determination as the digits "5 or 8" and they share the same two cells. Now, there is only one empty cell left, this can be filled with the only missing number, namely, the 6.

5/8	(?)	7
4	1	5/8
3	2	9
9	(8)	
		4
	(5)	

How to guess the missing number

Find a missing number

Put the numbers 7 and 8 in the empty cells, temporarily, and only a 2 can be put in the bottom-right cell in the top box.

4	6	1
5	9	3
7/8	7/8	(?)
		4
		(8)
	4	(7)
3		6

Pay attention to the column

A 5 can be put in one of the empty cells in the middle column of the top box. After that, a 5 can only be placed in the top-right cell in the bottom box.

6	x	9
8	x	1
3	x	4
	3	
(5)	4	8
		(?)
2		6
4		3

Enjoy the challenge!

Level 1

6	9						8	7
				9				
5		1		7		9		3
		7	5	8	3	1		
1	5						4	8
		2	9	4	1	6		
2		6		5		7		4
				2				
7	4						9	1

2

			9		2			8
5		8					2	6
			5			7		1
	5			9	4			
8	4		2	5	1		6	7
			7	6			9	
4		2			9			
9	8					2		3
1			6		3			

3

4						7		5
1	5		6		7			
8		2			5			
	8	1		6			7	3
		5	9	4	3	6		
6	3			8		2	5	
			3			1		7
			2		6		8	4
3		7						6

4

					2	6	4	3
	2		5			9		
		9						5
		5			6	1	7	
9	4	8	3	7	1	2	5	6
	1	6	4			8		
4					3			
		2			9		8	
1	9	3	2					

	1		7			2		
		5			2			8
6		4		8	9	5	7	
	8	1	2		7			9
		6				1		
2			9		6	3	8	
	3	2	6	9		7		4
4			5			8		
		8			3		5	

6

4						3		2
	1			6	7		9	4
	7				3			1
7		4	2	1	8			
8								7
			3	7	5	6		8
6			7				3	
5	3		9	8			1	
2		1						9

3		4		1		5		6
	8	6		2	4		7	
7		9				4		
1			8					
	4			5			9	
					3			5
		8				6		7
	7		4	3		9	5	
9		1		6		2		8

8

			6	4	9			
	5		3		2		4	
		6				7		
5	7						9	6
4	6		8	2	7		1	5
1	2						7	8
		4				8		
	8		1		4		2	
			2	6	8			

	2			7	3			8
			4			5		
6	7	9						
4	8		9	1	5	2		
	5	6		2		8	9	
		3	8	6	7		4	5
						6	5	3
		5			1			
3			6	5			2	

10

		8		3		6		
	5	4			6		2	
9			5	2			3	8
	2			6		8		
8		3	2		4	5		6
		7		9			4	
1	8			4	2			3
	4		3			2	8	
		2		1		9		

	9		2	8		4		
		6			4			5
2		3			1	7	9	
	7	8		2				4
4			6		7			3
3				4		6	2	
	3	4	8			5		6
1			7			8		
		7		9	6		1	

12

			9		7			
		8	5	6	2	9		
	5					8		
7	6	9		2		1		5
	8			1			9	
4		2		5		7	8	3
		7					5	
		4	8	7	5	2		
			1		3			

6		5		9	1			8
3	8		2		7			
9			8	5				
	5			8		1		2
			1	3	9			
7		3		2			6	
				4	3			1
			9		2		4	7
1			5	7		9		3

9				8	4			5
	8				7		1	
		1		6	9	8		
1	6	3	2		8			
7		4				6		2
			6		5	7	3	1
		9	4	3		1		
	1		7				4	
2			8	9				7

				1	8			
	4	8				6	5	1
		6	5			2		8
	5		7				2	9
7			3	2	1			6
2	6				5		7	
9		7			6	3		
6	1	2				9	4	
			1	9				

16

3		8	6	2			4	5
1		5			9	7		
	2			7			3	
	3							7
7		4		1		6		2
2							8	
	5			8			7	
		3	7			1		4
6	1			4	3			8

17

	1		9		3	8		
			4		2	1	6	
			1	5	8	2		
2	5	9				4		
	7			8			9	
		4				6	7	5
		7	3	4	5			
	6	8	7		1			
		5	8		6		3	

18

3					2	6	9		
8	2		5						
6		9		8			2	5	
2	3	7						8	
4		8					5		6
	1						7	2	3
	8	2		5			6		4
					3			9	5
		3	8	6					2

19

7	9	3						
		5	7	6		4		2
4							3	
	4		3		2		5	
	7		4	9	6		8	
	2		5		1		4	
	5							9
6		8		4	9	5		
						3	2	4

			4	8	5		2	
		5	3				4	
4	6			1		5	3	
	4	7	5	3				
		9				3		
				7	1	6	5	
	9	6		4			1	3
	3				9	4		
	7		1	6	3			

		7	6			3	8	
8			3			5		
4	3		8		5			6
		6				7	1	2
				7				
7	9	8				6		
9			7		2		3	5
		4			3			1
	2	5			9	8		

9		6		4	3	5		
	7		5			9	2	4
						8		
3		7		9				2
	8		7	5	6		4	
5				2		1		7
		4						
6	1	8			7		9	
		5	4	1		2		8

6					2	3		7
	5	2			7		4	
9		1				2	8	
1	6			9				
			3	6	8			
				4			6	3
	2	9				7		6
	3		5			4	1	
5		8	4					2

24

		7		5	6		9	
6			1			4		
	2	4		3		1		7
7							4	
8		1		9		3		6
	9							2
9		8		6		7	2	
		3			1			9
	7		2	8		6		

25

		2			4		6	
8			5	9				
				6	2			1
5		7	2		6		1	
	3	1		5		7	9	
	4		1		9	6		3
1			8	2				
				4	5			9
	2		9			3		

				7	5			
		6						
	1	4	6	2		3		9
6				9	4	5	3	
9	7		2	3	6		8	1
	3	1	5	8				2
8		2		6	9	7	1	
						6		
			8	5				

27

8	5			4				9
	1	7	8				5	4
			9				2	
			4	9	7	1	3	
2			5		8			7
	7	3	2	6	1			
	6				4			
7	2				9	4	1	
3				1			9	6

28

		9	1		6	8		
	1		3		7		4	
6		7				1		3
4	8		7		2		6	5
2	7		5		8		3	1
9		1				3		8
	3		8		1		9	
		8	9		3	2		

29

	5						1	
7	9	6			1		2	3
		3		2	9	5	6	
	3	9		5				
		1	3		8	6		
				1		3	4	
	6	4	1	8		7		
9	2		4			1	3	8
	8						5	

30

1	5						6	4
	6						8	
		8	6	5	2	1		
	2		8	9	5		3	
	9		7		1		5	
	8		4	6	3		9	
		2	3	4	9	8		
	1						4	
8	3						2	6

3				2		9		1
	1				8		3	
6			3	1				
	3		9		1	2		
9		2		8		7		4
		4	2		7		9	
				9	2			6
	6		8				5	
5		3		7				8

32

1	9	8		4	5			2
								7
			6	2	8			1
4		5		3		6		
3		9	5		2	8		4
		1		9		7		5
9			2	8	4			
8								
5			1	6		2	4	8

5			6		9			8
	6			2			9	
		9		3		1		
		2	8	6	7	9		
9			2	5	1			6
		8	3	9	4	5		
		5		1		2		
	9			4			7	
7			9		3			4

34

		8	4	6		5		
	9				5	6	8	
	6				1	2		
7		6		4	8		3	
			5		6			
	8		9	3		1		5
		9	8				4	
	3	5	7				2	
		7		9	2	3		

35

9		7	4			2		5
					2	4		
4	2		6	5				8
	9					8		2
		2		6		7		
5		4					3	
7				3	4		1	9
		9	7					
6		1			8	3		7

36

	4		9		1	7	2	
2					4			8
1			3	7				
5	3					2		9
		2		9		3		
9		1					5	4
				5	3			1
7			6					2
	5	6	1		7		9	

37

5	8			3			2	6
			6		1			
	4			8			3	
7		2		6		1		8
	9	6	7		5	2	4	
1		4		9		7		5
	1			7			8	
			1		8			
4	7			2			1	9

38

2		4		6				3
	1				8	7	9	
	7	8			4	1		6
	5	6	3		7			
9								8
			5		6	3	4	
7		9	1			8	3	
	4	1	6				7	
3				7		4		1

39

		7		4				5
9			1					
	6	1	5		2		3	7
8					6	7	5	9
5				2				1
6	1	3	7					8
2	4		8		1	5	9	
					4			2
7				5		1		

		6	7					5
	5						4	
9					5	7	3	6
4		8			1	9		
1		5	4	6	9	2		7
		9	8			6		4
2	7	3	9					1
	9						2	
6					2	4		

41

	4	2			9			5
8	5							
			7	3	5		4	8
	6		5				2	9
1		7	9		4	6		3
5	9				2		8	
9	7		1	4	8			
							7	6
2			6			8	9	

42

		6	2		9		8	
2			3		7			
			8	5				4
6	2		9		4	1	7	3
		4				6		
1	7	3	5		2		9	8
3				9	8			
			6		1			7
	8		4		5	3		

43

			2	8			5	
6	3		7			8	9	
	7		4		6			
		4				5	2	9
1				2				7
2	9	8				3		
			5		1		6	
	8	6			2		1	5
	4			6	9			

44

1					7			
2	5				4	6	7	
		6			5	4		
		2	1	6			4	3
9				4				5
8	4			5	3	2		
		8	4			5		
	1	7	5				2	9
			3				8	4

			7	5			1	2
6			9	3				
7	5			1	4	9		
4						1		
2	1		8	6	3		9	5
		6						8
		4	5	8			2	9
				9	7			4
8	7			2	6			

6	2		5		7		3	4
	5	1	4		3	6	2	
		9	3	5	8	2		
		3				8		
		5	9	6	2	4		
	1	6	8		4	7	5	
5	4		1		6		8	9

7	8	4		9		3		1
3		1		4				
					3	6	4	
	7						9	3
		3	6	2	9	4		
2	1						6	
	4	7	3					
				6		5		4
6		5		1		9	7	2

		3		2		7		
4	8						2	9
			8		4			
3	1			8			9	7
6			5	7	3			2
7	2			1			3	6
			2		5			
5	7						6	8
		2		6		1		

	5	9	1		3	2		
	7	8					6	3
3							9	4
8			2		4			6
				3				
2			7		8			1
7	9							5
6	8					7	1	
		4	8		1	6	3	

50

		2		7		6	4	5
					4		3	8
	5	8	6			2		
3			8	6				
	1			5			8	
				1	3			9
		3			5	1	7	
6	7		3					
5	2	1		4		8		

		5			4			
		4	1	3		6		
	2			8	5		7	4
4		3					6	
	5	8		1		7	2	
	9					1		3
9	7		8	4			3	
		2		5	6	9		
			2			4		

	7	3					6	8
			4	2			9	3
			7	3		5		
3						8	4	
	1		5	6	3		7	
	6	2						1
		7		1	5			
1	3			9	4			
6	9					1	2	

		6	3	8	1	9		
	8	3		9		4	1	
1								8
4				3				9
	1	8				2	3	
5				6				4
3								7
	2	7		5		6	9	
		4	6	1	7	8		

				3	4	2	7	
	7	3			9			5
4					7	3		
9	2		4		8			
	1		5		6		4	
			1		3		8	2
		7	3					4
8			9			6	1	
	4	9	7	6				

6	7		3	9			4	
			1		2			
4		2			6		1	5
	6		5					7
2		5		3		1		9
7					4		3	
5	8		4			6		3
			2		3			
	2			5	7		9	1

1					3			8
3				7	9			
	9	2		4	6			
8	3	1					5	9
	5		3		2		7	
2	6					4	3	1
			6	8		1	4	
			2	3				7
7			4					2

4								8
			8	5		9	1	7
		1	6	2			5	
				1	5			3
	1	4	2	3	8	6	7	
8			9	4				
	2			9	7	8		
9	7	8		6	3			
3								1

58

				9	4	7		
	6			3	1		5	
2			6					
9	5			8		3		
1	3		5	4	6		8	7
		8		1			2	5
					8			3
	8		3	5			9	
		5	4	2				

		2	1	5			3	
5	8				7		1	
		1				5		2
	5			3				6
8			5	9	1			4
3				7			8	
6		3				4		
	1		9				6	3
	7			8	3	2		

1			2				4	6
2	4				8	7	1	
	6	5		4		3		
	8		5		9			7
		6				9		
5			6		4		8	
		8		5		6	7	
	7	4	9				3	1
9	5				6			8

61

8			5		2			7
7		2				5		4
1			8		7			6
	8			7			9	
2	7			6			1	8
	4			8			7	
6			7		4			9
3		5				7		2
4			3		9			1

62

9			2		8			5
	5		9		3	2	4	
	8			1				
8	1		6		2		3	4
		3				6		
2	7		4		9		8	1
				2			1	
	6	8	7		1		5	
1			8		5			7

8					9	2	4	
	4				3	6		
1						5	7	8
3		7	2	8				6
6				9				2
4				6	5	1		7
9	1	4						5
		6	9				2	
	8	3	5					4

64

			2	3		9	6	
	9		4				2	
6	3		8					5
3	8				2			
4	1	9		6		5	8	2
			9				3	4
1					4		7	8
	2				3		5	
	5	8		2	1			

	7			6			4	
	9			8			5	
		5	1		3	9		
2			6		8			4
8		6		1		2		7
9			3		7			1
		1	9		6	4		
	4			7			2	
	6			5			1	

66

9				4				
5				6	2	4		3
	2		8	7				
2		8	6		7	1	3	
	3		1		9		6	
	6	5	4		8	7		2
				8	6		4	
8		3	7	1				9
				9				8

	6	7	1	4				
		2	9	6				1
			5		8		2	6
		5				8	1	3
6	1						7	5
4	7	8				2		
5	3		7		1			
1				2	4	5		
				5	3	1	9	

68

		7	2				3	
3		8		6	1			
			5		3		2	1
	6	2	8		7	3		5
	7						9	
9		5	6		2	8	7	
5	9		3		4			
			9	2		5		3
	3				8	9		

1			7	2			3	9
				8	3			
9								
		3	5			6		
	1			7		8		3
8	2		3		5		1	6
3		4		6			5	
		9			2	1		
			8	1				4
4	8			3	6			5

		4		1		6		
	1			6			3	
2		9		3		7		1
8			9	2	1			7
	7		6		3		1	
1			5	7	4			6
6		1		9		5		4
	8			4			9	
		3		5		8		

7	8				9	6		4
				7				9
3		9		1	8	5		
8		6						
	5	7		4		8	2	
						9		3
		3	8	9		2		5
1				5				
5		2	4				3	8

			4		2			6
	9				6			3
4	6			5		7	1	
2		5	6	3		1	9	
	7						3	
	1	3		2	4	6		5
	5	6		4			8	7
9			8				4	
3			5		1			

	6		9	4				
			2			5		6
	5		6	1	7			
		4				3	7	2
6		2		7		8		1
8	7	5				9		
			8	5	4		1	
5		1			2			
				3	6		8	

	2	5		9			3	
6	8		5					
	9			8	6			5
9	4			2		3		1
				1				
5		2		6			8	9
8			3	4			6	
					9		5	3
	7			5		2	9	

6				8			1	7
		1			3	5	9	
	9		1		2			
1	3			4			7	
7		6		2		4		9
	2			3			6	8
			2		8		4	
	8	3	6			7		
4	1			5				6

		5	8			1	4	2
			5	3	1			
8			6	2	4	9	5	
		6						7
	4	8				5	2	
1						3		
	1	2	9	8	5			4
			4	6	3			
4	9	3			7	6		

			4		5			
				8				
1	8	5				4	2	6
5		8		3		9		4
	6		5		7		8	
7		3		1		2		5
2	3	9				1	4	8
				9				
			8		3			

78

4		5	3				1	6
6	3				1		7	
		2			7	3		9
	8	7		6				2
			8		4			
3				9		1	8	
5		3	4			8		
	6		9				5	3
7	2				3	9		4

	7	5		2				
		1		5	9	8		3
	4						7	2
	8		3	7	5			
1	3		6		8		5	4
			1	4	2		6	
3	9						8	
2		7	5	8		1		
				3		4	2	

		5			8	2		
	2		1		6	3	5	
6	9				4			7
1	7	6					4	
	4					6	8	3
9			7				2	5
	3	7	4		5		9	
		1	8			7		

7								6
		9	2				7	3
8	6		1	3			9	4
		4	6		2			
		8	3	4	1	9		
			9		8	5		
3	8			1	9		2	5
5	1				3	4		
4								1

6	3		2				9	
	4			6	8			5
		8		9		1		
7	2		5				4	1
8				2				7
5	9				6		8	3
		7		5		3		
9			7	3			6	
	5				1		7	9

83

						7		
	4	1	3	6		2		
	7		5		2		1	8
	8	4			6		2	
			2	3	8			
	3		9			5	8	
7	1		6		3		9	
		8		7	1	6	3	
		3						

4	1			8				7
8	6	2	7		3		5	
			1		4		3	
	9						7	
		7	9	3	6	4		
	3						8	
	4		3		8			
	2		4		9	8	1	5
1				6			4	3

85

			8		2	7	6	
8		7	3	4				
3		2	6			8	1	
5						1	7	9
	8						5	
2	7	1						8
	2	3			9	5		1
				2	3	4		6
	1	4	5		8			

86

	7	1			6	8	5	
3		6						
	2	4		5		1	9	
5	8			4	7		6	
	3		8	6			2	7
	6	8		9		4	1	
						2		9
	9	3	5			6	7	

8		4		3				6
	7				9		3	
		9			5	8		7
	1	8	6		3			
4				5				2
			4		7	1	8	
3		2	5			6		
	6		9				1	
9				7		5		8

8	6							1
					3			
			8	1	7	2	9	
5	9				8	1	7	
7			1	5	6			2
	2	8	4				3	5
	8	4	7	6	2			
			5					
2							6	3

9			7		8	3	1	
4	7			1		6		2
	2		3					
			1		7	8	2	
7		1				9		5
	8	2	6		3			
					5		6	
2		5		6			9	3
	1	7	9		2			8

90

5			6					8
	9				7	2	1	
	6	7		8		5		
	4		9		6			3
		6		2		1		
9			7		8		6	
		9		3		6	5	
	2	5	4				8	
8					5			7

	6	5			1			
			5		3	7		6
	3		4	6				5
5	4		3		6	1	9	
		3				8		
	8	1	9		5		6	3
1				5	7		3	
3		4	6		9			
			1			6	7	

92

4	1	3			9	6		
		8			6		3	9
	9					1	2	
9			4	5		7		
			2		1			
		5		9	7			8
	4	2					7	
3	6		1			8		
		1	3			9	6	4

	6	1					2	
4			3	1				5
				4	9			1
		5		9			1	
	2	3	4	5	7	9	8	
	8			2		7		
8			2	3				
9				7	1			8
	7					1	3	

2	6		4	5				8
		1	6					9
		8	9			6	5	
				9		2	4	1
8			5		2			6
1	9	2		4				
	2	3			5	9		
9					4	8		
5				7	9		2	4

95

3			2	8		6	9	
2	5		4					
	8			1			2	4
	7	3			5			9
	9	2				5	6	
4			9			8	7	
9	1			4			5	
					9		3	1
	3	4		6	2			7

		1		4	7			2
								1
7	2	6		1	8	3		
	3		8			1	7	6
	8			7			9	
4	1	7			2		3	
		3	4	2		8	6	5
2								
5			1	8		4		

	5			8	6			
			5	2		9		
	7	8		3			5	2
	2				4	1	7	
	3	5		1		4	2	
	4	7	3				6	
4	8			6		2	9	
		2		4	9			
			2	7			4	

98

1	9	3	5					7
				9	1			5
				6	3			4
	1	8						3
	2	6		3		4	8	
3						7	1	
4			3	1				
9			8	7				
8					4	3	7	1

99

8		6			3		9	5
1		3			7			
			6	9			7	3
6	8					3		
		1		5		6		
		9					4	8
2	1			3	9			
			7			2		1
3	6		1			9		4

		4				3		
	3				5		6	
5		2		3	8	1		9
	5	1		7				
		9	3	2	6	5		
				5		7	3	
9		3	2	4		6		1
	7		5				8	
		5				9		

Level 2

4			2			6		3
	6				3		9	
9		8	1			4		
	4					2		6
				6				
1		6					8	
		9			4	1		8
	1		8				7	
3		5			1			2

	1			5				
	2	8				3	5	9
	5	9	2			1	4	
7				3				4
		4	5		9			
	7	5			4	2	1	
1	3	2				4	9	
				2			3	

3

5	6						4	
	4		6			1		8
9		8		5		2	7	
1	5			9	7			
7								4
			5	6			3	1
	7	9		2		4		5
4		5			3		2	
	1						8	9

4

3	5				2			7
	4		3		5		2	8
		1			7	3		
6	3	5					7	
				7				
	7					4	8	5
		7	8			5		
2	1		7		4		6	
5			6				4	3

			5		6	8	9	
2	4		3				6	
8		6				3		
5			1		9		2	8
				7				
7	9		2		3			6
		8				2		5
	2				4		7	3
	1	4	7		2			

	4	1			5			9
3	6	8						
	9			6		3		
		4	9		3		2	
8	7		5		1		3	6
	3		6			9		
		7		9			6	
						7	8	4
4			2			5	9	

			4	6			5	
	3	6			1			7
			3		7	4		
3	5	2				8		1
1			9		2			5
7		9				3	6	2
		5	8		9			
8			2			6	7	
	9			7	4			

8

1	3				5		7		9
			3				4		6
6	9					1			
		6	5			3		9	
3				9					5
	5		4			7	3		
			8					7	4
2		7				5			
5		3		7				2	1

9

		4		1	8		5	
	2	9		4		8		6
5	1							
6				9	7	4		
			6		1			
		5	4	8				3
							3	4
4		1		6		2	9	
	3		8	2		1		

6				4			2	9
				3	2	6		7
		5						
4		1		9	6			
8		2				1		6
			8	1		9		2
						7		
5		4	7	2				
9	3			8				4

			7	8		9		
		5	9		4			
4				6	2		1	
	3	4					7	1
8		2		3		5		4
7	5					8	2	
	9		4	2				7
		7	8		3	4		
		3		7	6			

12

	6			5		4		
			3	2				5
4			7		1			
		1		4		9	5	
2	3		1	7	9		8	4
	4	6		3		2		
			4		3			7
5				8	6			
		3		9			4	

				8	1			9
			9					6
						4		8
1	4		3	7			6	5
7	9	6				1	3	2
3	5			1	9		4	7
2		7						
8					6			
9			1	4				

2		7		9	1	8		6
			3		5			
5				2				9
4	8						7	
7		6		3		9		8
	9						6	5
9				1				7
			7		6			
6		3	8	5		1		2

	7						2	
		6		3		5		
4		8	7			3	1	
	9					1	5	
1			9	6	5			3
	6	5					7	
	3	4			8	7		2
		2		7		4		
	1						3	

	9	7		5				
			7			4		6
	8		9		3			5
		9		2		5	4	
3			6	1	9			2
	2	8		3		9		
9			1		8		5	
5		4			2			
				4		1	3	

		3	1				5	
2	5		4		6		3	
				9				8
	3		2		1		7	9
		8		4		6		
9	7		6		8		2	
1				7				
	8		3		5		9	1
	6				2	7		

4	7	2						5
	1		7		8		9	4
					5			2
	8	1	9		6		4	
				5				
	6		1		2	5	7	
1			5					
7	2		3		1		5	
9						6	3	1

6			5					
2		9		7		3	1	5
4	5			9		8		
			3				2	
3			1	4	2			8
	9				8			
		1		3			4	2
8	2	4		1		7		3
					4			9

9				8				7
	2		3		5		9	
		4		1		5		
	7	9		3		2	4	
			6	2	1			
	1	2		9		6	3	
		8		5		7		
	5		4		3		8	
1				7				2

3	2		8					4
		9	6	4				1
				9			6	
			5		7		9	2
	5	7				4	8	
2	9		4		6			
	4			5				
8				6	3	5		
5					4		2	7

1					2		9	8
9	7				8	2	6	
	2	8				1		
2	8			5				
			2	8	1			
				9			5	2
		4				3	2	
	3	5	6				4	1
7	1		9					6

	9	8			7			
		1	4		2			9
		6				4	3	1
2	7		1		9		5	
				5				
	8		6		4		7	3
9	1	4				3		
8			9		6	1		
			5			2	9	

24

		5		4	8			
			1	3		9		
	2				5			7
3		9					7	
6	5			1			9	2
	7					3		8
9			5				8	
		6		7	1			
			3	9		6		

2			7					3
	4			1	8		6	
		9				5		
	7		8	2	5			6
	1		9	4	3		2	
5			6	7	1		4	
		8				2		
	5		3	6			7	
9					4			1

2			1		9			6
				2		1		
	3	4	7			9		
4			3		1	7		9
	1			5			6	
5		9	4		8			1
		8			7	5	4	
		3		9				
7			8		5			2

					5		7	
		7	6			2	1	
3	9	8					4	6
			5	4				1
	6	4		7		3	2	
9				1	3			
7	1					6	9	8
	4	9			2	1		
	3		1					

2					9				
	8	4	7			2		3
		5					1	
1			3	7	6	4		5
				2				
6		3	8	5	9			1
	6					1		
4		2			8	9	3	
				4				2

			3		1			
	6			2		8	9	
	8	1		9		2		
1			6		2			3
	4	6				5	1	
2			5		7			4
		9		6		3	7	
	5	4		7			2	
			2		9			

30

1	5		2		9			3
	9		4	6				
	4	3		7		8	6	
		2					5	
			1	3	5			
	6					1		
	8	9		2		7	1	
				5	6		8	
4			7		8		9	2

	5			4	8			
			9	3	2			7
		2			5	3		
7	4	8					6	
5	6			7			3	1
	3					7	4	8
		5	3			1		
3			4	8	1			
			6	5			9	

32

5			9	1		6		8
8	2							3
6	9	7	2					
				4		1		9
			1	3	5			
2		4		7				
					1	9	5	4
1							8	6
4		9		2	8			7

1		3			7		6	
		6					5	
	7				6	2		1
6				3		5	9	
	5	9		2		3	1	
	3	1		6				4
4		2	5				8	
	8					1		
	6		1			4		2

34

			3				1	4
	7	1						
5				8			9	
7			5	2		9	4	
2	9		4	7	3		8	1
	5	4		6	9			3
	3			1				8
						1	5	
9	1				5			

	5		3	4		6		
		6						8
9		7			8	4	1	
		4	9		2			7
2				6				1
3			4		5	2		
	9	3	8			1		2
8						7		
		1		2	9		3	

36

		5	9	2				
	4				6	1	7	
	8		4		7			5
	3	4				9		2
5								8
8		6				5	4	
6			3		8		9	
	9	3	6				1	
				4	9	3		

2			9			8		3
	4			8	1		5	
5								
	3		8	9	4			5
	5		1	6	2		9	
9			5	3	7		8	
			4					8
	9		3	2			1	
7		3			5			4

	5	6			1	7		
		8	6			4		1
1	7						9	6
2			4		5		3	
				6				
	4		3		2			8
7	8						6	5
9		1			6	8		
		3	8			2	7	

39

	9				6		1	2	8
		8	3					5	
5									
8		9	1	7			4	
		1	4	2	8	5		
	4			3	5	6		1
								7
	1				4	2		
4	6	2		5			1	

9			8					5
		1		7		8		
	2	4	5			6	9	
				8		5		6
	4		9		7		8	
1		8		5				
	5	7			8	4	6	
		9		6		3		
3					4			8

9	6			4			1	3
		4				7		
	8		2		7		6	
			7	2	1			
1		9		8		3		7
			3	9	5			
	9		1		4		8	
		2				9		
8	4			7			3	1

	7	9			4	5		
	4	6			2		1	8
2							3	7
6	3			7				
			5	3	9			
				1			7	5
4	9							2
8	6		9			1	4	
		1	8			7	6	

43

8	6							9
		9	6		3			2
		2	5			8	7	
	3		9		8	7	1	
				7				
	9	7	1		2		8	
	8	4			6	2		
7			2		1	3		
1							6	7

44

	3	7		4	1	5		
4								3
	5	2	3				4	
8			2	9		3		
			1		7			
		5		3	6			1
	2				4	6	7	
5								4
		8	6	2		1	3	

45

8			6					7
	5		8	1		9	3	
	4		2		7			
		3				5	7	8
	8			2			1	
7	6	1				3		
			3		8		6	
	7	8		4	6		5	
6					2			4

	1		6	9		2	7	
	5	9			1		6	
	4			7				1
						7	4	
		7	2	5	9	3		
	9	1						
9				6			3	
	8		3			5	9	
	7	3		4	5		2	

7			2					4
	9			8	6	5	7	
	5	6		7		3		
	8							7
	6	2		1		9	5	
9							2	
		8		4		2	1	
	7	9	1	3			4	
4					9			5

					7	5		
		7	9	6		2		
5	6		1				7	
3			7		6	8	2	
	5						4	
	2	9	5		4			1
	8				1		9	3
		5		3	9	6		
		4	6					

49

2		7	6				8	5
		8			7			9
						7	1	
	2		9		5	6		4
			2	7	6			
5		6	3		1		2	
	7	4						
6			4			1		
1	3				2	9		8

50

	5			8				
	4	7	3				5	8
			4		5		2	
		5				6	7	
6				4				2
	3	8				5		
	7		1		4			
5	9				2	7	3	
				9			1	

	3	4		6	1		2	
2				4				1
		1			7	4		6
9		3						
8	1			7			4	9
						8		3
4		8	7			2		
1				8				7
	5		1	2		6	8	

6		1	4					2
	2						9	
		4	2		3	6		
	7			2	9			6
1		2		5		8		9
8			1	3			4	
		5	9		7	1		
	4						6	
2					8	9		5

5		7	8				1	
	9		4	5			2	
6								9
		6			3	4		5
3		4		1		2		7
7		8	5			1		
4								2
	3			4	7		5	
	7				2	6		4

54

5			4	3	8			1
1	8			6			4	9
		6				8		
			1	7	4			
9	1						5	7
			6	5	9			
		5				7		
7	4			8			1	5
8			5	9	7			6

				7	1	3		
	7	9		3			1	
		2	8			9		
	5	3		9	7	2		1
				6				
2		6	5	1		4	3	
		5			9	7		
	3			2		6	4	
		8	3	4				

56

6	7							3
	4	2		5	9		6	8
							7	
	8			2				
	5		8	9	1		3	
				6			5	
	3							
1	2		6	4		7	8	
7							9	4

			5	3	7	9		
	1	7			8		2	
9							4	
5	8			6				4
4			8	5	3			1
2				1			6	8
	4							2
	9		2			1	5	
		2	3	8	5			

58

					2		4	
6	8			3	4		5	
		2		1		6		
3	5			2				
	6	8	1	4	9	3	2	
				7			8	6
		7		5		4		
	3		4	8			7	2
	1		2					

5	8			7	4			
		4		2	5			8
	7	6					5	
	4		3		1	5		
6		7				8		1
		1	4		7		9	
	2					9	7	
7			2	4		6		
			7	9			1	3

7	8							
			3		1		8	
	9	5				6		
		8		9	5	4	1	3
	1		2	4	7		5	
9	5	4	1	3		7		
		2				3	6	
	3		5		4			
							4	8

	1						2	
6		9			2			
			4	1	7		6	
	7	8			3			6
2	9		6	5	8		3	7
3			7			8	9	
	2		1	7	9			
			8			2		9
	3						8	

62

	3	7	5	4			1	
1					2	5		3
	2				3			7
		4	2		5			8
7				9				1
8			4		7	6		
5			9				8	
9		1						4
	4			7	1	3	5	

63

7		2	3				6	4
6				7		9		
	9				5			8
		6		3				9
	1		7		8		2	
8				4		7		
1			9				4	
		7		1				6
3	2				7	8		1

64

5		9			8		2	4
4	7						9	
				7	4			5
6		3	8		1			
		1		6		4		
			4		2	6		3
9			2	4				
	5						3	9
3	2		5			8		6

		3		4	5		1	
8			1		7			
			9	2				6
7	8					6	9	
5		1				4		8
	3	6					5	7
6				9	8			
			3		2			1
	5		7	1		9		

		7		2			6	
8	2	4			6		9	
			4				7	5
	6		5		3	7		
1				4				8
		8	6		2		3	
9	4				1			
	8		3			1	2	6
	1			6		9		

		2	6		8	4	5	
5								
1		6	4			7		2
3			5		1	9		8
				8				
4		1	2		9			3
6		4			3	1		5
								7
	1	3	7		2	6		

6				4	8		2	3
3		5			9	4		
	9						5	
2	6		3		4			
1				8				6
			1		7		4	2
	5						3	
		2	7			1		4
9	1		4	2				5

69

4	1			5		2		9
5			4					
		2		8	1		7	
	9		6	7	8		4	
	8		2	4	5		1	
	7		5	6		1		
					7			6
8		6		3			2	4

3	8				9			2
	1		3	2			6	9
		9			8	4		
2		7					8	
	9			8			2	
	6					7		4
		8	4			6		
6	7			9	3		1	
1			8				4	3

3					2			4
		7		4	8	1		
	4			1			7	
	8		5		2			
6	3	4		9		5	8	2
			4		3		9	
	2			3			5	
		3	6	7		9		
9				5				3

					2		4	
8			5	1				
		4	9		6	7		
1		2		6		5	8	
	4		1		5		9	
	5	6		4		3		7
		1	4		7	8		
				5	3			9
	9		8					

8		5		1				7
				3			4	
2	3			6	5		8	1
		3						8
		4	3		1	2		
6						3		
4	5		9	7			1	3
	9			5				
1				8		4		9

7					1			
5			3	4			1	
2		1					8	9
			6				4	2
		9	4	7	3	6		
6	5				8			
9	8					5		7
	1			8	5			4
			9					1

6					3	2		5
			6	7		1		
2	4				9			
4		5		2			1	
	8		3		4		9	
	9			6		5		4
			8				5	2
		6		4	5			
8		3	2					7

1				4			6	8
6		3		1	7	9		
	4		2				7	
	8					4		
5	9			8			3	7
		2					1	
	1				9		8	
		8	7	5		6		1
9	6			2				3

3							9	6
6	4					1	8	
	7	9	6			4		
			8	7	1	5		
			4	5	6			
		8	9	2	3			
		1			7	9	4	
	9	4					5	2
5	3							1

2						4		
		7		2	8	6		5
1	9		5	4			3	
		2	7				8	
4				6				1
	7				5	3		
	2			8	3		5	9
8		4	1	9		7		
		1						2

79

7		3						2
	9					4	7	
	6	1	2		3	8		9
		4		5		6		
			4	3	9			
		7		1		2		
2		9	3		8	5	1	
	4	5					2	
3						9		7

	8	9		2			4	
3	6		1				8	5
			6					9
			4		3	5	9	
9				1				3
	4	3	2		9			
4					1			
8	9				4		2	1
	7			5		8	3	

					4	7		
					9	6	2	
	9	2	5			4	1	
2	6				5		4	
9			3	8	1			7
	1		6				3	9
	8	6			7	9	5	
	7	9	2					
		5	1					

	4	9		5	1		6	3
8				4		9		
		1	9		3			4
				9	7		4	
				3				
	1		5	8				
3			6		9	5		
		2		7				8
5	6		3	1		4	2	

3			5				1	2
4		2		1	7			
			4				6	
	9			6		1		3
	5		9	4	1		2	
1		6		7			5	
	3				6			
			7	8		5		6
6	7				4			1

	7					1	4	
6		9	3					5
1		5			4	3	9	
		4		2			1	
			1		5			
	5			9		6		
	1	7	2			8		9
8					9	4		3
	9	3					2	

6	2			9	7			8
	9	1					6	7
					5		9	
1		7		4				
2			6	7	8			1
				1		4		5
	6		4					
7	1					3	8	
8			7	3			5	2

86

				2		6	1	
4	7						8	
5		6		3		7		
			7	4	1			
9		4	2	5	6	8		1
			9	8	3			
		8		7		2		3
	6						5	8
	5	9		6				

87

		6	2					
	3			7	4	9	5	
	5			1				2
	1			6				9
	9	4	5	3	7	2	1	
3				4			7	
7				9			2	
	4	3	7	8			9	
					5	8		

88

4	9			8				7
	6	1					3	9
			6		4		5	
		2		5		3		
3			7	1	8			2
		8		3		9		
	1		8		3			
2	3					8	1	
9				4			2	3

89

	5	2		7				
	4		8				9	5
		1	5			7		2
			6		2	8	1	
6				1				7
	1	9	4		7			
7		8			1	9		
5	9				8		6	
				4		3	7	

		5	7				2	
8			1	5	9	7		
	7				6			9
	4	9					7	1
	2			9			3	
7	5					4	9	
5			9				6	
		7	6	4	3			5
	3				5	2		

4			9					
5	1	9		7		4		
	3			6				
	2	3		8			5	
		4	2	9	6	8		
	6			1		7	4	
				3			2	
		5		2		1	8	9
					8			5

		7				9	4	
1	4		5				2	
2		8		4		5		6
			9		6		5	
		4		5		1		
	7		4		2			
4		5		2		8		1
	1				5		3	4
	6	9				2		

93

			9		5			
	8						3	
9			8	7	2			4
	6	3				4	5	
8	9		6	4	1		2	7
	2	4				9	8	
2			1	9	3			5
	5						1	
			5		4			

	7		6			4	8	
1	2			8			6	3
4					5			
		1	4		8			5
	8			5			2	
3			2		6	7		
			9					7
6	5			4			9	1
	1	2			7		4	

				8		1	2	
1	9				3		6	
5		6			1	8		
	1	3	8		5			
6				3				1
			1		9	3	5	
		9	3			4		2
	3		4				9	7
	7	1		9				

96

8	7			5	3	6		
5			2					3
	4	3	9	8				
9	8				1			
1				3				5
			4				8	6
				4	9	2	6	
3					2			8
		9	8	1			5	7

7				3	5		8	4
9	8			6			5	
		3				1		
1				2				
8	3		9		6		4	7
				4				9
		9				4		
	5			9			7	1
4	2		7	5				8

98

6			5			1		8
		1			3	4		
4	9						6	
	5			9				6
			1	3	2			
3				8			7	
	8						3	4
		2	3			7		
1		3			8			9

2				7				8
	8				1	3	4	
	9	4		3	8	5		
	5	2						
4		9		8		7		2
						6	1	
		1	4	6		8	3	
	2	8	3				9	
3				1				6

	4	3					1	
5			4			2		3
	2		6		5			4
		1		4		8	3	
			3	1	8			
	3	9		2		1		
3			7		4		9	
6		5			3			7
	8					3	6	

Level 3

5					9		3	
						7		
	7			8	5		4	1
8	4	9		3			2	7
	5						8	
7	1			2		5	6	9
3	8		1	6			7	
		4						
	9		8					6

2

				5			7	2
		4		7		9		8
		5	9		8	1	4	
3	9	7						
			7	4	3			
						3	1	7
	3	1	4		7	2		
6		9		2		7		
5	7			3				

3

			2	7		8		5
			6		8			2
								6
	7	6			2		8	1
	9		7		6		5	
5	3		9			6	7	
9								
6			8		9			
1		8		5	7			

4

2					3			5
	8	9	6	7				
			4				7	
	6	2	8				9	7
7	5		2		9		6	4
8	9				6	2	3	
	2				7			
				2	4	1	8	
5			3					2

5

8				5				9
	7		9				3	
		6			8	1		
		7	1	3	5		6	
6			8	4	2			3
	3		7	9	6	5		
		8	2			9		
	5				9		1	
1				6				7

6

3					6	5			4
	6			4	7			2	
		4		8			1		
6							7	9	
5	7				2			3	1
	4	3							8
		5				6	8		
	8				5	2		1	
1				9	4				7

7

2	3				1	6		
	9			3		7	5	1
		7			8			4
		8	7					
	6			4			1	
					2	5		
6			8			9		
4	7	1		6			3	
		5	4				7	6

8

	9	7	6	4		5		
3	1		7				2	
8		6	3					
	6				7			
1				2				5
			1				4	
					3	7		2
	8					1		3	4
		3		5	9	1	6	

9								1
5	8		2		9		6	7
	7						3	
		9	1		6	7		
8	3			2			4	6
		6	7		3	2		
	9						7	
7	6		3		4		9	2
3								4

10

4					7		8	1
2		7	5	6				
		3		1		7	5	
9							6	
	8	5		2		3	9	
	4							5
	7	8		9		2		
				7	2	5		3
1	3		6					8

		6					7	
2	5			8	1	4	6	
	4		6					5
	1		8		2	3		
	7			5			9	
		5	1		3		2	
6					7		8	
	2	8	3	6			4	7
	9					6		

	6		8	9			1	5	
				1		6	2	9
		3			2			
7					4		6	
2				3				5
	5		2					4
			1			9		
1	2	7		8				
	3	9		4	6		8	

	2	3		8			4	
		7		2	4	5		1
	5	4			1		2	3
		6		9				
9								6
				5		4		
4	6		1			9	8	
3		9	7	6		2		
	1			4		6	3	

		6					3	8
8			6	5				
3			1			4	6	
9	3	7		8				1
1	6						8	4
2				6		5	7	3
	8	2			6			7
				1	2			6
6	9					3		

1	7			2		4		
		5					7	
2			4	7	1			
			2	3				6
3	2			5			4	1
9				1	4			
			7	8	6			9
	8					7		
		1		4			3	8

		3		1			8	
8			9		5	1		
	1		3	8				7
	4					8	5	
3		2				6		4
	7	5					9	
5				9	1		2	
		7	5		8			6
	6			4		9		

8		4	2					7
						5		
	5		6	7	9			8
		8	9		4	1		3
		2		5		6		
4		6	8		1	7		
6			7	3	8		1	
		7						
1					2	9		6

				1	5	6		
4			9	7		8		
2	3			6				
7			2				4	8
8	1		5		7		6	3
3	5				6			1
				2			5	6
		3		5	8			2
		9	6	4				

19

		2	4			8	9	
4								
6		7		1	8	4		5
		9	6		2			3
		1		3		7		
8			7		1	6		
1		4	8	2		3		7
								8
	7	8			4	9		

4				9	2			
3	2		7				6	8
5								
		1		8		6	5	2
		3		2		4		
2	6	5		1		8		
								7
1	5				9		2	4
			1	3				6

	9	5		2		8		
						3		9
3	8			4				6
			6	1	2			
2		8	3	7	4	6		1
			8	5	9			
5				6			4	2
8		7						
		9		3		7	5	

			5			3	2	
2		7		3	8	4		
6	3				4		8	
	5	1						4
	2			1			3	
3						8	1	
	7		6				4	3
		6	3	8		2		9
	1	3			2			

23

8	2			9				5
		1				9		2
	9	5		6		1	7	
			3		4			
1		7		5		6		3
			6		7			
	1	9		8		5	4	
2		4				3		
6				4			9	7

		4	3	8			7	
2		6			7	8		
	8						9	5
	2		8		3			6
1				6				3
5			7		1		2	
6	9						1	
		5	1			4		2
	7			2	5	3		

		7			4		1	3
5			7		1	6		
	4			2				8
6	5		8					
	8		1		9		5	
					5		6	1
7				4			2	
		8	2		6			5
2	3		5			4		

	9			7			6	
8					5	2		1
	6	2			1	7		
	5	3		6				
7			3	5	4			6
				1		3	5	
		5	7			1	9	
2		9	1					5
	4			2			8	

3	9	1			7			5
					6	7		
	8	7					9	
	6		1	4	5		3	
		5	7		3	6		
	2		9	6	8		7	
	3					8	2	
		6	8					
9			5			1	4	6

	2	9		4	5			
						6		
			1	2	6		4	3
			9	3		5	6	
	6						1	
	4	8		5	1			
2	5		8	6	3			
		7						
			5	9		1	8	

29

8						5		7
			7		2			
7		5	4	9		3		
	7		8		6	2	3	
		8		7		6		
	6	1	2		9		7	
		3		8	7	4		2
			5		1			
2		6						1

1		5			8	6		3
	2						1	
4					3			7
3		2	6	5	7			
			1	8	2			
			3	9	4	8		2
9			8					4
	1						6	
5		6	2			1		8

6			9	5			3	
7					3			9
		8			7			6
	9	7				2		
2		6	3	9	4	8		1
		1				9	6	
5			7			6		
4			6					5
	6			2	8			7

	2		4		6			8
		8			5	4		6
		6	2				9	
	4	9		7				5
6								7
1				5		8	6	
	9				4	7		
7		5	8			3		
2			7		9		5	

6			9	7			3	
7		9				1		
	4		3		6			9
			1			7	9	
		5		4		8		
	7	6			9			
3			4		8		5	
		8				9		2
	9			5				7

				3	2		7	
2	4		5			3	1	
	8				6			
1		5		7			4	
4			9	1	5			3
	9			6		7		1
			3				6	
	3	4			1		8	2
	5		4	2				

35

				7			8	2
6	1			7			8	2
5			2	6	4			1
	2		3		6		1	
	9		8	4	7		5	
	4		1		5		6	
2			4	1	8			5
7	5			3			9	8

251

36

	9				4			
		8				2		3
	1		3	2	8		6	
8		3	1		9	7		
		4		6		9		
		1	2		7	6		8
	7		5	8	6		4	
2		6				8		
			9				7	

				1	4		9	
7			3		5			
		6		7		4		
3	8						5	
1		4		3		2		6
	6						3	4
		5		2		3		
			9		3			1
	3		5	4				

38

		7	5					
	6		1		8		4	
		1			4	9		2
	3	8		5			1	6
			2	1	3			
1	7			4		2	3	
5		4	7			3		
	8		3		1		7	
					5	6		

39

	5						3	9
2	6	4	7		9			
	1		5			2		
		8			6	7		
3		6		4		1		5
		1	2			9		
		9			2		5	
			8		5	3	9	4
4	8							

40

4			2	7	3			
	1		8	6	5			
						6	8	2
1	7		5	2				3
		9				2		
6				8	4		1	5
3	9	4						
			9	4	7		2	
			3	5	8			9

		2				4		
	3	4			9		7	
7				1	4		5	2
	5	1		4				
		7	1	9	6	5		
				8		1	6	
8	7		6	2				4
	2		9			3	8	
		5				7		

9								4
		8		7		6		
1		4	9		3	5		2
6			1		7			8
			4	3	9			
4			6		8			9
7		6	3		2	8		5
		5		4		1		
3								7

43

1		9	2		4			7
		2	3					
		6				9	2	8
8			6		3		5	9
				9				
3	9		4		5			6
9	4	1				3		
					2	4		
2			9		1	6		5

44

		5	8			1		
		8		7	3	6		
9	4				6		2	8
	2	4						9
	6			1			7	
3						4	1	
7	8		3				5	6
		6	7	8		2		
		1			5	3		

45

4			7				1	3
1				4	2	8		
	6		3		1			
	2	4				5		6
	7			6			9	
6		1				7	3	
			6		5		2	
		2	8	1				9
8	9				4			1

46

8			5				4	1
9	4	3	6			7	8	
	2		4				3	
						9	2	7
				5				
1	6	2						
	3				5		1	
	8	4			3	5	7	6
7	1				4			2

			8		3		5	
5	3	2					7	
		4			7	1	3	
7		8		2				4
			4	3	1			
4				7		2		9
	7	9	3			5		
	2					6	9	3
	4		5		6			

8			3					6
	5		6				4	
		6		9	4	1		
		2	5		8		6	1
		1				5		
6	7		4		9	3		
		8	7	5		4		
	3				2		5	
5					6			3

49

	4			8		3	9	
3				1	9			6
9			3		2			
	5	9				7		
4	7			9			2	5
		6				4	8	
			1		5			4
2			9	3				7
	3	4		2			5	

			9				5	3
			8	4		7		
7			2		3		9	
	4				7	1		5
		1		8		2		
9		7	1				6	
	7		6		4			2
		4		2	8			
3	6				9			

51

		1	3				7	
7	4				8	6	3	
	9	3				1		8
	7			4				1
			1	6	9			
6				8			4	
9		7				2	5	
	2	6	8				1	7
	3				4	8		

	1	8			4	7		
		9			5			1
5			2	1			3	8
6	2					9		
		5		9		8		
		3					5	2
9	5			7	1			4
3			4			5		
		2	9			1	8	

9	6		2	8				
	3	1	9		7		4	8
2					4		5	9
3			4					7
1					3			5
7	2		5					1
4	9		1		8	5	7	
				4	9		3	2

5		9			4			
					1		7	9
			3			6		
7			6	3	5		8	2
	6			1			3	
2	9		8	4	7			1
		7			6			
9	4		5					
			4			3		5

55

				3	2	5		
	7	9	8				3	
2			9	4			6	
4						7	1	
9		7		1		8		5
	5	2						9
	9			2	4			3
	2				9	4	8	
		4	5	6				

	8	9	2				3	
1	4		9	8	3		2	7
								9
	7						4	5
	1			4			6	
3	6						9	
4								
5	9		3	2	6		7	8
	3				7	9	5	

	3	6	4		7	8	9	
7		1				3		2
5			7		3			6
8	6			1			3	7
3			6		9			8
6		9				1		5
	5	3	1		8	7	2	

58

		6			4		3	8
	7	8		2	3			
1	4				8		9	
			2	4			8	
7				9				4
	8			3	7			
	5		4				7	3
			1	7		8	5	
2	1		3			4		

				8	7	1		
	7				5	2	6	
1	9	5				7		
3		6	7		9			
8				5				9
			3		8		4	7
		2				9	7	6
	1	9	5				3	
		4	8	9				

3	6			1		8		
		4						5
	8				7	3		2
	1		3		4	7		6
2				7				4
4		7	6		2		9	
5		1	7				3	
7						2		
		3		4			5	7

61

			6	3		1		
					7	5		
7	6	2		8		4		
	7		9		3			2
4		1		2		9		3
2			8		1		4	
		8		6		7	9	1
		7	2					
		5		7	8			

3					6		5	1
5					2	9		
	2	8			5	7		
1	3	4		6				
			3	2	9			
				4		8	7	3
		3	1			6	8	
		6	2					7
7	5		6					2

6				9				8
9			8		3			5
5	8			2				4
7		6				3		1
				5				
2		9				8		6
3	2			7			8	9
4			5		2			3
8				3				2

3			2				9	
		6		5	4		7	
9		5	6			1		
5					7	4		
	3	1		4		9	6	
		7	1					2
		3			5	8		6
	6		7	2		5		
	5				6			1

65

		3	5		1	7		
	7	4		6		2	5	
	5						3	
7			3		8			4
	4			1			8	
3			6		2			5
	3						9	
	2	7		5		8	1	
		8	1		7	4		

66

	8				3	1		
			5			7		8
7	6		8					
1			9		5	3	7	
				4				
	3	5	6		7			9
					8		5	6
3		8			9			
		1	4				3	

	6				2			9	
		5			8		1		
		7	3	5	4	6			
	9				1			4	
	5		9			7		2	
	7				6			3	
		1	2	9	6	4			
		4			7		2		
	2				4			6	

283

1	9					8	4	3
4			1			5		6
6	8		4					
				4		9	2	
			9	7	5			
	5	4		6				
					4		5	9
5		9			7			1
2	3	7					8	4

69

3								4
	9	5		2			3	
		1	3	9		6	2	
			2		6	1		
	1	8		3		5	7	
			1		8			
	3	9		6	7	4		
	7			1		3	6	
1								8

8	1	7					9	4
3				1	4			2
		2				1		3
	6		3		2			
	8			9			4	
			5		1		2	
6		8				4		
4			6	2				7
7	3					2	6	9

4					7	6		8
				9	8	3		
7	1		6		3			
9	6	1				8		
	7			8			9	
		3				5	7	6
			2		9		8	5
		7	4	6				
3		5	8					9

	4	5	9			1	2	
2					4	3		8
3	7							6
	6		3		9			1
				8				
8			1		2		3	
4							9	5
1		7	4					3
	9	3			7	8	1	

73

5		6	9				8	2
4			6			1		
	9		5	8				3
						4	2	1
		1		5		9		
8	2	4						
9				2	7		1	
		8			5			6
2	1				9	8		7

3			2		9	5	4	8
1		8						
9							6	
6			3	9	8			5
			4	6	2			
8			1	5	7			4
	3							1
						2		7
2	9	1	8		4			6

9				8	3			4
	6		7		5		9	
		1	4			3		
6	3					7	5	
7				6				3
	1	2					8	9
		3			8	2		
	4		5		1		7	
5			9	4				8

Level 1
answers

Level 1 - 1

6	9	4	3	1	2	5	8	7
3	7	8	6	9	5	4	1	2
5	2	1	4	7	8	9	6	3
4	6	7	5	8	3	1	2	9
1	5	9	2	6	7	3	4	8
8	3	2	9	4	1	6	7	5
2	8	6	1	5	9	7	3	4
9	1	3	7	2	4	8	5	6
7	4	5	8	3	6	2	9	1

Level 1 - 2

7	6	3	9	1	2	4	5	8
5	1	8	4	3	7	9	2	6
2	9	4	5	8	6	7	3	1
6	5	7	3	9	4	1	8	2
8	4	9	2	5	1	3	6	7
3	2	1	7	6	8	5	9	4
4	3	2	8	7	9	6	1	5
9	8	6	1	4	5	2	7	3
1	7	5	6	2	3	8	4	9

Level 1 - 3

4	9	6	1	2	8	7	3	5
1	5	3	6	9	7	8	4	2
8	7	2	4	3	5	9	6	1
9	8	1	5	6	2	4	7	3
7	2	5	9	4	3	6	1	8
6	3	4	7	8	1	2	5	9
2	6	8	3	5	4	1	9	7
5	1	9	2	7	6	3	8	4
3	4	7	8	1	9	5	2	6

Level 1 - 4

5	7	9	1	8	2	6	4	3
3	2	4	5	6	7	9	1	8
8	6	1	9	3	4	7	2	5
2	3	5	8	9	6	1	7	4
9	4	8	3	7	1	2	5	6
7	1	6	4	2	5	8	3	9
4	8	7	6	1	3	5	9	2
6	5	2	7	4	9	3	8	1
1	9	3	2	5	8	4	6	7

Level 1 - 5

8	1	3	7	4	5	2	9	6
7	9	5	1	6	2	4	3	8
6	2	4	3	8	9	5	7	1
3	8	1	2	5	7	6	4	9
9	5	6	8	3	4	1	2	7
2	4	7	9	1	6	3	8	5
5	3	2	6	9	8	7	1	4
4	7	9	5	2	1	8	6	3
1	6	8	4	7	3	9	5	2

Level 1 - 6

4	8	6	1	5	9	3	7	2
3	1	2	8	6	7	5	9	4
9	7	5	4	2	3	8	6	1
7	6	4	2	1	8	9	5	3
8	5	3	6	9	4	1	2	7
1	2	9	3	7	5	6	4	8
6	9	8	7	4	1	2	3	5
5	3	7	9	8	2	4	1	6
2	4	1	5	3	6	7	8	9

Level 1 - 7

3	2	4	7	1	9	5	8	6
5	8	6	3	2	4	1	7	9
7	1	9	6	8	5	4	2	3
1	9	5	8	7	2	3	6	4
8	4	3	1	5	6	7	9	2
2	6	7	9	4	3	8	1	5
4	5	8	2	9	1	6	3	7
6	7	2	4	3	8	9	5	1
9	3	1	5	6	7	2	4	8

Level 1 - 8

7	3	2	6	4	9	5	8	1
8	5	1	3	7	2	6	4	9
9	4	6	5	8	1	7	3	2
5	7	8	4	1	3	2	9	6
4	6	9	8	2	7	3	1	5
1	2	3	9	5	6	4	7	8
2	1	4	7	9	5	8	6	3
6	8	5	1	3	4	9	2	7
3	9	7	2	6	8	1	5	4

Level 1 - 9

5	2	4	1	7	3	9	6	8
8	3	1	4	9	6	5	7	2
6	7	9	5	8	2	3	1	4
4	8	7	9	1	5	2	3	6
1	5	6	3	2	4	8	9	7
2	9	3	8	6	7	1	4	5
9	1	2	7	4	8	6	5	3
7	6	5	2	3	1	4	8	9
3	4	8	6	5	9	7	2	1

Level 1 - 10

2	7	8	4	3	1	6	9	5
3	5	4	9	8	6	1	2	7
9	6	1	5	2	7	4	3	8
4	2	5	1	6	3	8	7	9
8	9	3	2	7	4	5	1	6
6	1	7	8	9	5	3	4	2
1	8	9	6	4	2	7	5	3
7	4	6	3	5	9	2	8	1
5	3	2	7	1	8	9	6	4

Level 1 - 11

7	9	5	2	8	3	4	6	1
8	1	6	9	7	4	2	3	5
2	4	3	5	6	1	7	9	8
6	7	8	3	2	9	1	5	4
4	2	1	6	5	7	9	8	3
3	5	9	1	4	8	6	2	7
9	3	4	8	1	2	5	7	6
1	6	2	7	3	5	8	4	9
5	8	7	4	9	6	3	1	2

Level 1 - 12

2	4	1	9	8	7	5	3	6
3	7	8	5	6	2	9	1	4
9	5	6	4	3	1	8	2	7
7	6	9	3	2	8	1	4	5
5	8	3	7	1	4	6	9	2
4	1	2	6	5	9	7	8	3
8	9	7	2	4	6	3	5	1
1	3	4	8	7	5	2	6	9
6	2	5	1	9	3	4	7	8

Level 1 - 13

6	4	5	3	9	1	2	7	8
3	8	1	2	6	7	4	9	5
9	7	2	8	5	4	3	1	6
4	5	9	7	8	6	1	3	2
8	2	6	1	3	9	7	5	4
7	1	3	4	2	5	8	6	9
2	9	7	6	4	3	5	8	1
5	3	8	9	1	2	6	4	7
1	6	4	5	7	8	9	2	3

Level 1 - 14

9	3	7	1	8	4	2	6	5
6	8	5	3	2	7	4	1	9
4	2	1	5	6	9	8	7	3
1	6	3	2	7	8	5	9	4
7	5	4	9	1	3	6	8	2
8	9	2	6	4	5	7	3	1
5	7	9	4	3	6	1	2	8
3	1	8	7	5	2	9	4	6
2	4	6	8	9	1	3	5	7

Level 1 - 15

5	2	9	6	1	8	7	3	4
3	4	8	2	7	9	6	5	1
1	7	6	5	4	3	2	9	8
8	5	3	7	6	4	1	2	9
7	9	4	3	2	1	5	8	6
2	6	1	9	8	5	4	7	3
9	8	7	4	5	6	3	1	2
6	1	2	8	3	7	9	4	5
4	3	5	1	9	2	8	6	7

Level 1 - 16

3	7	8	6	2	1	9	4	5
1	4	5	8	3	9	7	2	6
9	2	6	5	7	4	8	3	1
5	3	9	2	6	8	4	1	7
7	8	4	3	1	5	6	9	2
2	6	1	4	9	7	5	8	3
4	5	2	1	8	6	3	7	9
8	9	3	7	5	2	1	6	4
6	1	7	9	4	3	2	5	8

Level 1 - 17

4	1	2	9	6	3	8	5	7
5	8	3	4	7	2	1	6	9
7	9	6	1	5	8	2	4	3
2	5	9	6	3	7	4	1	8
6	7	1	5	8	4	3	9	2
8	3	4	2	1	9	6	7	5
1	2	7	3	4	5	9	8	6
3	6	8	7	9	1	5	2	4
9	4	5	8	2	6	7	3	1

Level 1 - 18

3	7	5	1	2	6	9	4	8
8	2	1	5	4	9	3	6	7
6	4	9	3	8	7	2	5	1
2	3	7	6	1	5	4	8	9
4	9	8	7	3	2	5	1	6
5	1	6	4	9	8	7	2	3
7	8	2	9	5	1	6	3	4
1	6	4	2	7	3	8	9	5
9	5	3	8	6	4	1	7	2

Level 1 - 19

7	9	3	8	2	4	6	1	5
1	8	5	7	6	3	4	9	2
4	6	2	9	1	5	7	3	8
8	4	9	3	7	2	1	5	6
5	7	1	4	9	6	2	8	3
3	2	6	5	8	1	9	4	7
2	5	4	1	3	7	8	6	9
6	3	8	2	4	9	5	7	1
9	1	7	6	5	8	3	2	4

Level 1 - 20

9	1	3	4	8	5	7	2	6
7	2	5	3	9	6	8	4	1
4	6	8	7	1	2	5	3	9
6	4	7	5	3	8	1	9	2
1	5	9	6	2	4	3	7	8
3	8	2	9	7	1	6	5	4
5	9	6	8	4	7	2	1	3
8	3	1	2	5	9	4	6	7
2	7	4	1	6	3	9	8	5

Level 1 - 21

1	5	7	6	2	4	3	8	9
8	6	9	3	1	7	5	2	4
4	3	2	8	9	5	1	7	6
5	4	6	9	3	8	7	1	2
2	1	3	4	7	6	9	5	8
7	9	8	2	5	1	6	4	3
9	8	1	7	6	2	4	3	5
6	7	4	5	8	3	2	9	1
3	2	5	1	4	9	8	6	7

Level 1 - 22

9	2	6	8	4	3	5	7	1
8	7	3	5	6	1	9	2	4
4	5	1	9	7	2	8	3	6
3	4	7	1	9	8	6	5	2
1	8	2	7	5	6	3	4	9
5	6	9	3	2	4	1	8	7
2	9	4	6	8	5	7	1	3
6	1	8	2	3	7	4	9	5
7	3	5	4	1	9	2	6	8

Level 1 - 23

6	8	4	1	5	2	3	9	7
3	5	2	9	8	7	6	4	1
9	7	1	6	3	4	2	8	5
1	6	3	7	9	5	8	2	4
2	4	5	3	6	8	1	7	9
8	9	7	2	4	1	5	6	3
4	2	9	8	1	3	7	5	6
7	3	6	5	2	9	4	1	8
5	1	8	4	7	6	9	3	2

Level 1 - 24

1	8	7	4	5	6	2	9	3
6	3	9	1	2	7	4	8	5
5	2	4	9	3	8	1	6	7
7	5	2	6	1	3	9	4	8
8	4	1	5	9	2	3	7	6
3	9	6	8	7	4	5	1	2
9	1	8	3	6	5	7	2	4
2	6	3	7	4	1	8	5	9
4	7	5	2	8	9	6	3	1

3	1	2	7	8	4	9	6	5
8	7	6	5	9	1	2	3	4
9	5	4	3	6	2	8	7	1
5	9	7	2	3	6	4	1	8
6	3	1	4	5	8	7	9	2
2	4	8	1	7	9	6	5	3
1	6	9	8	2	3	5	4	7
7	8	3	6	4	5	1	2	9
4	2	5	9	1	7	3	8	6

Level 1 - 25

2	8	3	9	7	5	1	4	6
7	9	6	3	4	1	8	2	5
5	1	4	6	2	8	3	7	9
6	2	8	1	9	4	5	3	7
9	7	5	2	3	6	4	8	1
4	3	1	5	8	7	9	6	2
8	5	2	4	6	9	7	1	3
3	4	9	7	1	2	6	5	8
1	6	7	8	5	3	2	9	4

Level 1 - 26

8	5	2	1	4	3	7	6	9
9	1	7	8	2	6	3	5	4
6	3	4	9	7	5	8	2	1
5	8	6	4	9	7	1	3	2
2	9	1	5	3	8	6	4	7
4	7	3	2	6	1	9	8	5
1	6	9	3	5	4	2	7	8
7	2	5	6	8	9	4	1	3
3	4	8	7	1	2	5	9	6

Level 1 - 27

3	5	9	1	4	6	8	2	7
8	1	2	3	5	7	6	4	9
6	4	7	2	8	9	1	5	3
4	8	3	7	1	2	9	6	5
1	9	5	6	3	4	7	8	2
2	7	6	5	9	8	4	3	1
9	2	1	4	6	5	3	7	8
7	3	4	8	2	1	5	9	6
5	6	8	9	7	3	2	1	4

Level 1 - 28

8	5	2	6	7	3	9	1	4
7	9	6	5	4	1	8	2	3
4	1	3	8	2	9	5	6	7
6	3	9	7	5	4	2	8	1
2	4	1	3	9	8	6	7	5
5	7	8	2	1	6	3	4	9
3	6	4	1	8	5	7	9	2
9	2	5	4	6	7	1	3	8
1	8	7	9	3	2	4	5	6

Level 1 - 29

1	5	7	9	3	8	2	6	4
2	6	9	1	7	4	5	8	3
3	4	8	6	5	2	1	7	9
7	2	6	8	9	5	4	3	1
4	9	3	7	2	1	6	5	8
5	8	1	4	6	3	7	9	2
6	7	2	3	4	9	8	1	5
9	1	5	2	8	6	3	4	7
8	3	4	5	1	7	9	2	6

Level 1 - 30

3	7	8	4	2	5	9	6	1
4	1	9	7	6	8	5	3	2
6	2	5	3	1	9	8	4	7
7	3	6	9	4	1	2	8	5
9	5	2	6	8	3	7	1	4
1	8	4	2	5	7	6	9	3
8	4	1	5	9	2	3	7	6
2	6	7	8	3	4	1	5	9
5	9	3	1	7	6	4	2	8

Level 1 - 31

1	9	8	7	4	5	3	6	2
6	5	2	9	1	3	4	8	7
7	4	3	6	2	8	9	5	1
4	7	5	8	3	1	6	2	9
3	6	9	5	7	2	8	1	4
2	8	1	4	9	6	7	3	5
9	1	6	2	8	4	5	7	3
8	2	4	3	5	7	1	9	6
5	3	7	1	6	9	2	4	8

Level 1 - 32

5	1	3	6	7	9	4	2	8
4	6	7	1	2	8	3	9	5
2	8	9	4	3	5	1	6	7
1	5	2	8	6	7	9	4	3
9	3	4	2	5	1	7	8	6
6	7	8	3	9	4	5	1	2
8	4	5	7	1	6	2	3	9
3	9	6	5	4	2	8	7	1
7	2	1	9	8	3	6	5	4

Level 1 - 33

2	7	8	4	6	9	5	1	3
3	9	1	2	7	5	6	8	4
5	6	4	3	8	1	2	9	7
7	5	6	1	4	8	9	3	2
9	1	3	5	2	6	4	7	8
4	8	2	9	3	7	1	6	5
1	2	9	8	5	3	7	4	6
6	3	5	7	1	4	8	2	9
8	4	7	6	9	2	3	5	1

Level 1 - 34

9	1	7	4	8	3	2	6	5
8	6	5	1	7	2	4	9	3
4	2	3	6	5	9	1	7	8
1	9	6	3	4	7	8	5	2
3	8	2	9	6	5	7	4	1
5	7	4	8	2	1	9	3	6
7	5	8	2	3	4	6	1	9
2	3	9	7	1	6	5	8	4
6	4	1	5	9	8	3	2	7

Level 1 - 35

3	4	5	9	8	1	7	2	6
2	9	7	5	6	4	1	3	8
1	6	8	3	7	2	9	4	5
5	3	4	7	1	8	2	6	9
6	8	2	4	9	5	3	1	7
9	7	1	2	3	6	8	5	4
4	2	9	8	5	3	6	7	1
7	1	3	6	4	9	5	8	2
8	5	6	1	2	7	4	9	3

Level 1 - 36

Level 1 - 37

5	8	1	4	3	7	9	2	6
9	2	3	6	5	1	8	7	4
6	4	7	2	8	9	5	3	1
7	5	2	3	6	4	1	9	8
8	9	6	7	1	5	2	4	3
1	3	4	8	9	2	7	6	5
3	1	5	9	7	6	4	8	2
2	6	9	1	4	8	3	5	7
4	7	8	5	2	3	6	1	9

Level 1 - 38

2	9	4	7	6	1	5	8	3
6	1	3	2	5	8	7	9	4
5	7	8	9	3	4	1	2	6
4	5	6	3	8	7	2	1	9
9	3	7	4	1	2	6	5	8
1	8	2	5	9	6	3	4	7
7	6	9	1	4	5	8	3	2
8	4	1	6	2	3	9	7	5
3	2	5	8	7	9	4	6	1

Level 1 - 39

3	8	7	6	4	9	2	1	5
9	5	2	1	3	7	6	8	4
4	6	1	5	8	2	9	3	7
8	2	4	3	1	6	7	5	9
5	7	9	4	2	8	3	6	1
6	1	3	7	9	5	4	2	8
2	4	6	8	7	1	5	9	3
1	3	5	9	6	4	8	7	2
7	9	8	2	5	3	1	4	6

Level 1 - 40

3	1	6	7	2	4	8	9	5
8	5	7	3	9	6	1	4	2
9	4	2	1	8	5	7	3	6
4	6	8	2	7	1	9	5	3
1	3	5	4	6	9	2	8	7
7	2	9	8	5	3	6	1	4
2	7	3	9	4	8	5	6	1
5	9	4	6	1	7	3	2	8
6	8	1	5	3	2	4	7	9

Level 1 - 41

7	4	2	8	1	9	3	6	5
8	5	3	4	2	6	9	1	7
6	1	9	7	3	5	2	4	8
3	6	8	5	7	1	4	2	9
1	2	7	9	8	4	6	5	3
5	9	4	3	6	2	7	8	1
9	7	6	1	4	8	5	3	2
4	8	5	2	9	3	1	7	6
2	3	1	6	5	7	8	9	4

Level 1 - 42

4	3	6	2	1	9	7	8	5
2	5	8	3	4	7	9	1	6
9	1	7	8	5	6	2	3	4
6	2	5	9	8	4	1	7	3
8	9	4	1	7	3	6	5	2
1	7	3	5	6	2	4	9	8
3	6	2	7	9	8	5	4	1
5	4	9	6	3	1	8	2	7
7	8	1	4	2	5	3	6	9

Level 1 - 43

4	1	9	2	8	3	7	5	6
6	3	2	7	1	5	8	9	4
8	7	5	4	9	6	1	3	2
7	6	4	1	3	8	5	2	9
1	5	3	9	2	4	6	8	7
2	9	8	6	5	7	3	4	1
3	2	7	5	4	1	9	6	8
9	8	6	3	7	2	4	1	5
5	4	1	8	6	9	2	7	3

Level 1 - 44

1	3	4	6	2	7	9	5	8
2	5	9	8	3	4	6	7	1
7	8	6	9	1	5	4	3	2
5	7	2	1	6	9	8	4	3
9	6	3	2	4	8	7	1	5
8	4	1	7	5	3	2	9	6
3	2	8	4	9	1	5	6	7
4	1	7	5	8	6	3	2	9
6	9	5	3	7	2	7	8	4

Level 1 - 45

9	4	3	7	5	8	6	1	2
6	8	1	9	3	2	5	4	7
7	5	2	6	1	4	9	8	3
4	9	8	2	7	5	1	3	6
2	1	7	8	6	3	4	9	5
5	3	6	1	4	9	2	7	8
3	6	4	5	8	1	7	2	9
1	2	5	3	9	7	8	6	4
8	7	9	4	2	6	3	5	1

Level 1 - 46

6	2	8	5	1	7	9	3	4
7	3	4	6	2	9	5	1	8
9	5	1	4	8	3	6	2	7
4	7	9	3	5	8	2	6	1
2	6	3	7	4	1	8	9	5
1	8	5	9	6	2	4	7	3
3	1	6	8	9	4	7	5	2
8	9	7	2	3	5	1	4	6
5	4	2	1	7	6	3	8	9

Level 1 - 47

7	8	4	2	9	6	3	5	1
3	6	1	8	4	5	7	2	9
5	9	2	1	7	3	6	4	8
4	7	6	5	8	1	2	9	3
8	5	3	6	2	9	4	1	7
2	1	9	7	3	4	8	6	5
9	4	7	3	5	2	1	8	6
1	2	8	9	6	7	5	3	4
6	3	5	4	1	8	9	7	2

Level 1 - 48

1	5	3	9	2	6	7	8	4
4	8	6	1	5	7	3	2	9
2	9	7	8	3	4	6	5	1
3	1	5	6	8	2	4	9	7
6	4	9	5	7	3	8	1	2
7	2	8	4	1	9	5	3	6
8	6	1	2	4	5	9	7	3
5	7	4	3	9	1	2	6	8
9	3	2	7	6	8	1	4	5

Level 1 - 49

4	5	9	1	6	3	2	8	7
1	7	8	9	4	2	5	6	3
3	6	2	5	8	7	1	9	4
8	3	5	2	1	4	9	7	6
9	1	7	6	3	5	4	2	8
2	4	6	7	9	8	3	5	1
7	9	1	3	2	6	8	4	5
6	8	3	4	5	9	7	1	2
5	2	4	8	7	1	6	3	9

Level 1 - 50

9	3	2	1	7	8	6	4	5
1	6	7	5	2	4	9	3	8
4	5	8	6	3	9	2	1	7
3	9	4	8	6	7	5	2	1
7	1	6	9	5	2	3	8	4
2	8	5	4	1	3	7	6	9
8	4	3	2	9	5	1	7	6
6	7	9	3	8	1	4	5	2
5	2	1	7	4	6	8	9	3

Level 1 - 51

3	6	5	7	2	4	8	9	1
7	8	4	1	3	9	6	5	2
1	2	9	6	8	5	3	7	4
4	1	3	9	7	2	5	6	8
6	5	8	4	1	3	7	2	9
2	9	7	5	6	8	1	4	3
9	7	6	8	4	1	2	3	5
8	4	2	3	5	6	9	1	7
5	3	1	2	9	7	4	8	6

Level 1 - 52

2	7	3	9	5	1	4	6	8
5	8	1	4	2	6	7	9	3
9	4	6	7	3	8	5	1	2
3	5	9	1	7	2	8	4	6
4	1	8	5	6	3	2	7	9
7	6	2	8	4	9	3	5	1
8	2	7	6	1	5	9	3	4
1	3	5	2	9	4	6	8	7
6	9	4	3	8	7	1	2	5

Level 1 - 53

7	4	6	3	8	1	9	5	2
2	8	3	7	9	5	4	1	6
1	9	5	2	4	6	3	7	8
4	7	2	5	3	8	1	6	9
6	1	8	9	7	4	2	3	5
5	3	9	1	6	2	7	8	4
3	6	1	8	2	9	5	4	7
8	2	7	4	5	3	6	9	1
9	5	4	6	1	7	8	2	3

Level 1 - 54

5	9	1	6	3	4	2	7	8
2	7	3	8	1	9	4	6	5
4	8	6	2	5	7	3	9	1
9	2	5	4	7	8	1	3	6
3	1	8	5	2	6	7	4	9
7	6	4	1	9	3	5	8	2
6	5	7	3	8	1	9	2	4
8	3	2	9	4	5	6	1	7
1	4	9	7	6	2	8	5	3

Level 1 - 55

6	7	1	3	9	5	2	4	8
8	5	9	1	4	2	3	7	6
4	3	2	8	7	6	9	1	5
9	6	3	5	2	1	4	8	7
2	4	5	7	3	8	1	6	9
7	1	8	9	6	4	5	3	2
5	8	7	4	1	9	6	2	3
1	9	6	2	8	3	7	5	4
3	2	4	6	5	7	8	9	1

Level 1 - 56

1	7	4	5	2	3	6	9	8
3	8	6	1	7	9	5	2	4
5	9	2	8	4	6	7	1	3
8	3	1	7	6	4	2	5	9
4	5	9	3	1	2	8	7	6
2	6	7	9	5	8	4	3	1
9	2	3	6	8	7	1	4	5
6	4	5	2	3	1	9	8	7
7	1	8	4	9	5	3	6	2

Level 1 - 57

4	5	9	3	7	1	2	6	8
2	6	3	8	5	4	9	1	7
7	8	1	6	2	9	3	5	4
6	9	2	7	1	5	4	8	3
5	1	4	2	3	8	6	7	9
8	3	7	9	4	6	1	2	5
1	2	5	4	9	7	8	3	6
9	7	8	1	6	3	5	4	2
3	4	6	5	8	2	7	9	1

Level 1 - 58

5	1	3	8	9	4	7	6	2
8	6	7	2	3	1	4	5	9
2	9	4	6	7	5	1	3	8
9	5	6	7	8	2	3	4	1
1	3	2	5	4	6	9	8	7
7	4	8	9	1	3	6	2	5
4	2	9	1	6	8	5	7	3
6	8	1	3	5	7	2	9	4
3	7	5	4	2	9	8	1	6

Level 1 - 59

9	6	2	1	5	4	8	3	7
5	8	4	3	2	7	6	1	9
7	3	1	8	6	9	5	4	2
1	5	7	4	3	8	9	2	6
8	2	6	5	9	1	3	7	4
3	4	9	2	7	6	1	8	5
6	9	3	7	1	2	4	5	8
2	1	8	9	4	5	7	6	3
4	7	5	6	8	3	2	9	1

Level 1 - 60

1	3	7	2	9	5	8	4	6
2	4	9	3	6	8	7	1	5
8	6	5	1	4	7	3	9	2
4	8	3	5	1	9	2	6	7
7	1	6	8	2	3	9	5	4
5	9	2	6	7	4	1	8	3
3	2	8	4	5	1	6	7	9
6	7	4	9	8	2	5	3	1
9	5	1	7	3	6	4	2	8

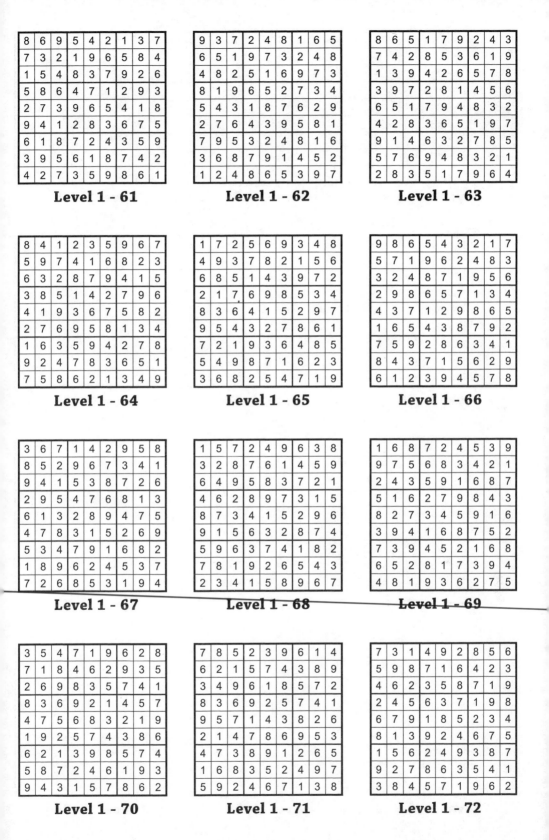

Level 1 - 61

8	6	9	5	4	2	1	3	7
7	3	2	1	9	6	5	8	4
1	5	4	8	3	7	9	2	6
5	8	6	4	7	1	2	9	3
2	7	3	9	6	5	4	1	8
9	4	1	2	8	3	6	7	5
6	1	8	7	2	4	3	5	9
3	9	5	6	1	8	7	4	2
4	2	7	3	5	9	8	6	1

Level 1 - 62

9	3	7	2	4	8	1	6	5
6	5	1	9	7	3	2	4	8
4	8	2	5	1	6	9	7	3
8	1	9	6	5	2	7	3	4
5	4	3	1	8	7	6	2	9
2	7	6	4	3	9	5	8	1
7	9	5	3	2	4	8	1	6
3	6	8	7	9	1	4	5	2
1	2	4	8	6	5	3	9	7

Level 1 - 63

8	6	5	1	7	9	2	4	3
7	4	2	8	5	3	6	1	9
1	3	9	4	2	6	5	7	8
3	9	7	2	8	1	4	5	6
6	5	1	7	9	4	8	3	2
4	2	8	3	6	5	1	9	7
9	1	4	6	3	2	7	8	5
5	7	6	9	4	8	3	2	1
2	8	3	5	1	7	9	6	4

Level 1 - 64

8	4	1	2	3	5	9	6	7
5	9	7	4	1	6	8	2	3
6	3	2	8	7	9	4	1	5
3	8	5	1	4	2	7	9	6
4	1	9	3	6	7	5	8	2
2	7	6	9	5	8	1	3	4
1	6	3	5	9	4	2	7	8
9	2	4	7	8	3	6	5	1
7	5	8	6	2	1	3	4	9

Level 1 - 65

1	7	2	5	6	9	3	4	8
4	9	3	7	8	2	1	5	6
6	8	5	1	4	3	9	7	2
2	1	7	6	9	8	5	3	4
8	3	6	4	1	5	2	9	7
9	5	4	3	2	7	8	6	1
7	2	1	9	3	6	4	8	5
5	4	9	8	7	1	6	2	3
3	6	8	2	5	4	7	1	9

Level 1 - 66

9	8	6	5	4	3	2	1	7
5	7	1	9	6	2	4	8	3
3	2	4	8	7	1	9	5	6
2	9	8	6	5	7	1	3	4
4	3	7	1	2	9	8	6	5
1	6	5	4	3	8	7	9	2
7	5	9	2	8	6	3	4	1
8	4	3	7	1	5	6	2	9
6	1	2	3	9	4	5	7	8

Level 1 - 67

3	6	7	1	4	2	9	5	8
8	5	2	9	6	7	3	4	1
9	4	1	5	3	8	7	2	6
2	9	5	4	7	6	8	1	3
6	1	3	2	8	9	4	7	5
4	7	8	3	1	5	2	6	9
5	3	4	7	9	1	6	8	2
1	8	9	6	2	4	5	3	7
7	2	6	8	5	3	1	9	4

Level 1 - 68

1	5	7	2	4	9	6	3	8
3	2	8	7	6	1	4	5	9
6	4	9	5	8	3	7	2	1
4	6	2	8	9	7	3	1	5
8	7	3	4	1	5	2	9	6
9	1	5	6	3	2	8	7	4
5	9	6	3	7	4	1	8	2
7	8	1	9	2	6	5	4	3
2	3	4	1	5	8	9	6	7

Level 1 - 69

1	6	8	7	2	4	5	3	9
9	7	5	6	8	3	4	2	1
2	4	3	5	9	1	6	8	7
5	1	6	2	7	9	8	4	3
8	2	7	3	4	5	9	1	6
3	9	4	1	6	8	7	5	2
7	3	9	4	5	2	1	6	8
6	5	2	8	1	7	3	9	4
4	8	1	9	3	6	2	7	5

Level 1 - 70

3	5	4	7	1	9	6	2	8
7	1	8	4	6	2	9	3	5
2	6	9	8	3	5	7	4	1
8	3	6	9	2	1	4	5	7
4	7	5	6	8	3	2	1	9
1	9	2	5	7	4	3	8	6
6	2	1	3	9	8	5	7	4
5	8	7	2	4	6	1	9	3
9	4	3	1	5	7	8	6	2

Level 1 - 71

7	8	5	2	3	9	6	1	4
6	2	1	5	7	4	3	8	9
3	4	9	6	1	8	5	7	2
8	3	6	9	2	5	7	4	1
9	5	7	1	4	3	8	2	6
2	1	4	7	8	6	9	5	3
4	7	3	8	9	1	2	6	5
1	6	8	3	5	2	4	9	7
5	9	2	4	6	7	1	3	8

Level 1 - 72

7	3	1	4	9	2	8	5	6
5	9	8	7	1	6	4	2	3
4	6	2	3	5	8	7	1	9
2	4	5	6	3	7	1	9	8
6	7	9	1	8	5	2	3	4
8	1	3	9	2	4	6	7	5
1	5	6	2	4	9	3	8	7
9	2	7	8	6	3	5	4	1
3	8	4	5	7	1	9	6	2

Level 1 - 73

2	6	8	9	4	5	1	3	7
4	1	7	2	8	3	5	9	6
9	5	3	6	1	7	4	2	8
1	9	4	5	6	8	3	7	2
6	3	2	4	7	9	8	5	1
8	7	5	3	2	1	9	6	4
3	2	6	8	5	4	7	1	9
5	8	1	7	9	2	6	4	3
7	4	9	1	3	6	2	8	5

Level 1 - 74

1	2	5	4	9	7	6	3	8
6	8	7	5	3	1	9	4	2
4	9	3	2	8	6	7	1	5
9	4	6	8	2	5	3	7	1
7	3	8	9	1	4	5	2	6
5	1	2	7	6	3	4	8	9
8	5	9	3	4	2	1	6	7
2	6	4	1	7	9	8	5	3
3	7	1	6	5	8	2	9	4

Level 1 - 75

6	4	2	5	8	9	3	1	7
8	7	1	4	6	3	5	9	2
3	9	5	1	7	2	6	8	4
1	3	8	9	4	6	2	7	5
7	5	6	8	2	1	4	3	9
9	2	4	7	3	5	1	6	8
5	6	7	2	1	8	9	4	3
2	8	3	6	9	4	7	5	1
4	1	9	3	5	7	8	2	6

Level 1 - 76

3	6	5	8	7	9	1	4	2
9	2	4	5	3	1	8	7	6
8	7	1	6	2	4	9	5	3
2	3	6	1	5	8	4	9	7
7	4	8	3	9	6	5	2	1
1	5	9	7	4	2	3	6	8
6	1	2	9	8	5	7	3	4
5	8	7	4	6	3	2	1	9
4	9	3	2	1	7	6	8	5

Level 1 - 77

3	2	7	4	6	5	8	1	9
6	9	4	2	8	1	7	5	3
1	8	5	3	7	9	4	2	6
5	1	8	6	3	2	9	7	4
9	6	2	5	4	7	3	8	1
7	4	3	9	1	8	2	6	5
2	3	9	7	5	6	1	4	8
8	7	6	1	9	4	5	3	2
4	5	1	8	2	3	6	9	7

Level 1 - 78

4	7	5	3	8	9	2	1	6
6	3	9	2	4	1	5	7	8
8	1	2	6	5	7	3	4	9
9	8	7	1	6	5	4	3	2
2	5	1	8	3	4	6	9	7
3	4	6	7	9	2	1	8	5
5	9	3	4	7	6	8	2	1
1	6	4	9	2	8	7	5	3
7	2	8	5	1	3	9	6	4

Level 1 - 79

8	7	5	4	2	3	9	1	6
6	2	1	7	5	9	8	4	3
9	4	3	8	6	1	5	7	2
4	8	6	3	7	5	2	9	1
1	3	2	6	9	8	7	5	4
7	5	9	1	4	2	3	6	8
3	9	4	2	1	7	6	8	5
2	6	7	5	8	4	1	3	9
5	1	8	9	3	6	4	2	7

Level 1 - 80

7	1	5	3	9	8	2	6	4
8	2	4	1	7	6	3	5	9
6	9	3	2	5	4	8	1	7
1	7	6	5	8	3	9	4	2
3	8	9	6	4	2	5	7	1
5	4	2	9	1	7	6	8	3
9	6	8	7	3	1	4	2	5
2	3	7	4	6	5	1	9	8
4	5	1	8	2	9	7	3	6

Level 1 - 81

7	2	3	8	9	4	1	5	6
1	4	9	2	6	5	8	7	3
8	6	5	1	3	7	2	9	4
9	7	4	6	5	2	3	1	8
2	5	8	3	4	1	9	6	7
6	3	1	9	7	8	5	4	2
3	8	7	4	1	9	6	2	5
5	1	6	7	2	3	4	8	9
4	9	2	5	8	6	7	3	1

Level 1 - 82

6	3	5	2	1	7	4	9	8
1	4	9	3	6	8	7	2	5
2	7	8	4	9	5	1	3	6
7	2	6	5	8	3	9	4	1
8	1	3	9	2	4	6	5	7
5	9	4	1	7	6	2	8	3
4	6	7	8	5	9	3	1	2
9	8	1	7	3	2	5	6	4
3	5	2	6	4	1	8	7	9

Level 1 - 83

3	5	2	1	8	9	7	4	6
8	4	1	3	6	7	2	5	9
6	7	9	5	4	2	3	1	8
1	8	4	7	5	6	9	2	3
5	9	7	2	3	8	4	6	1
2	3	6	9	1	4	5	8	7
7	1	5	6	2	3	8	9	4
9	2	8	4	7	1	6	3	5
4	6	3	8	9	5	1	7	2

Level 1 - 84

4	1	3	6	8	5	2	9	7
8	6	2	7	9	3	1	5	4
7	5	9	1	2	4	6	3	8
2	9	4	8	5	1	3	7	6
5	8	7	9	3	6	4	2	1
6	3	1	2	4	7	5	8	9
9	4	5	3	1	8	7	6	2
3	2	6	4	7	9	8	1	5
1	7	8	5	6	2	9	4	3

Level 1 - 85

1	4	5	8	9	2	7	6	3
8	6	7	3	4	1	9	2	5
3	9	2	6	5	7	8	1	4
5	3	6	2	8	4	1	7	9
4	8	9	7	1	6	3	5	2
2	7	1	9	3	5	6	4	8
6	2	3	4	7	9	5	8	1
7	5	8	1	2	3	4	9	6
9	1	4	5	6	8	2	3	7

Level 1 - 86

9	7	1	4	2	6	8	5	3
3	5	6	1	8	9	7	4	2
8	2	4	7	5	3	1	9	6
5	8	2	9	4	7	3	6	1
6	1	7	2	3	5	9	8	4
4	3	9	8	6	1	5	2	7
7	6	8	3	9	2	4	1	5
1	4	5	6	7	8	2	3	9
2	9	3	5	1	4	6	7	8

Level 1 - 87

8	2	4	7	3	1	9	5	6
6	7	5	8	4	9	2	3	1
1	3	9	2	6	5	8	4	7
7	1	8	6	2	3	4	9	5
4	9	3	1	5	8	7	6	2
2	5	6	4	9	7	1	8	3
3	8	2	5	1	4	6	7	9
5	6	7	9	8	2	3	1	4
9	4	1	3	7	6	5	2	8

Level 1 - 88

8	6	7	2	9	5	3	4	1
9	1	2	6	4	3	8	5	7
4	3	5	8	1	7	2	9	6
5	9	6	3	2	8	1	7	4
7	4	3	1	5	6	9	8	2
1	2	8	4	7	9	6	3	5
3	8	4	7	6	2	5	1	9
6	7	9	5	3	1	4	2	8
2	5	1	9	8	4	7	6	3

Level 1 - 89

9	5	6	7	2	8	3	1	4
4	7	3	5	1	9	6	8	2
1	2	8	3	4	6	5	7	9
3	9	4	1	5	7	8	2	6
7	6	1	2	8	4	9	3	5
5	8	2	6	9	3	1	4	7
8	3	9	4	7	5	2	6	1
2	4	5	8	6	1	7	9	3
6	1	7	9	3	2	4	5	8

Level 1 - 90

5	1	2	6	9	3	7	4	8
3	9	8	5	4	7	2	1	6
4	6	7	2	8	1	5	3	9
2	4	1	9	5	6	8	7	3
7	8	6	3	2	4	1	9	5
9	5	3	7	1	8	4	6	2
1	7	9	8	3	2	6	5	4
6	2	5	4	7	9	3	8	1
8	3	4	1	6	5	9	2	7

Level 1 - 91

9	6	5	2	7	1	3	4	8
4	1	8	5	9	3	7	2	6
2	3	7	4	6	8	9	1	5
5	4	2	3	8	6	1	9	7
6	9	3	7	1	2	8	5	4
7	8	1	9	4	5	2	6	3
1	2	6	8	5	7	4	3	9
3	7	4	6	2	9	5	8	1
8	5	9	1	3	4	6	7	2

Level 1 - 92

4	1	3	5	2	9	6	8	7
2	5	8	7	1	6	4	3	9
6	9	7	8	4	3	1	2	5
9	2	6	4	5	8	7	1	3
7	8	4	2	3	1	5	9	6
1	3	5	6	9	7	2	4	8
8	4	2	9	6	5	3	7	1
3	6	9	1	7	4	8	5	2
5	7	1	3	8	2	9	6	4

Level 1 - 93

3	6	1	7	8	5	4	2	9
4	9	7	3	1	2	8	6	5
2	5	8	6	4	9	3	7	1
7	4	5	8	9	6	2	1	3
1	2	3	4	5	7	9	8	6
6	8	9	1	2	3	7	5	4
8	1	6	2	3	4	5	9	7
9	3	2	5	7	1	6	4	8
5	7	4	9	6	8	1	3	2

Level 1 - 94

2	6	9	4	5	7	3	1	8
3	5	1	6	2	8	4	7	9
7	4	8	9	3	1	6	5	2
6	7	5	8	9	3	2	4	1
8	3	4	5	1	2	7	9	6
1	9	2	7	4	6	5	8	3
4	2	3	1	8	5	9	6	7
9	1	7	2	6	4	8	3	5
5	8	6	3	7	9	1	2	4

Level 1 - 95

3	4	1	2	8	7	6	9	5
2	5	6	4	9	3	7	1	8
7	8	9	5	1	6	3	2	4
8	7	3	6	2	5	1	4	9
1	9	2	8	7	4	5	6	3
4	6	5	9	3	1	8	7	2
9	1	7	3	4	8	2	5	6
6	2	8	7	5	9	4	3	1
5	3	4	1	6	2	9	8	7

Level 1 - 96

3	5	1	9	4	7	6	8	2
8	9	4	2	3	6	7	5	1
7	2	6	5	1	8	3	4	9
9	3	2	8	5	4	1	7	6
6	8	5	3	7	1	2	9	4
4	1	7	6	9	2	5	3	8
1	7	3	4	2	9	8	6	5
2	4	8	7	6	5	9	1	3
5	6	9	1	8	3	4	2	7

Level 1 - 97

2	5	4	9	8	6	7	3	1
3	1	6	5	2	7	9	8	4
9	7	8	4	3	1	6	5	2
8	2	9	6	5	4	1	7	3
6	3	5	7	1	8	4	2	9
1	4	7	3	9	2	5	6	8
4	8	3	1	6	5	2	9	7
7	6	2	8	4	9	3	1	5
5	9	1	2	7	3	8	4	6

Level 1 - 98

1	9	3	5	4	8	2	6	7
6	7	4	2	9	1	8	3	5
2	8	5	7	6	3	1	9	4
7	1	8	4	2	9	6	5	3
5	2	6	1	3	7	4	8	9
3	4	9	6	8	5	7	1	2
4	5	7	3	1	6	9	2	8
9	3	1	8	7	2	5	4	6
8	6	2	9	5	4	3	7	1

Level 1 - 99

8	7	6	2	4	3	1	9	5
1	9	3	5	8	7	4	6	2
5	4	2	6	9	1	8	7	3
6	8	5	4	7	2	3	1	9
4	3	1	9	5	8	6	2	7
7	2	9	3	1	6	5	4	8
2	1	4	8	3	9	7	5	6
9	5	8	7	6	4	2	3	1
3	6	7	1	2	5	9	8	4

Level 1 - 100

8	9	4	1	6	2	3	7	5
1	3	7	4	9	5	8	6	2
5	6	2	7	3	8	1	4	9
3	5	1	8	7	4	2	9	6
7	4	9	3	2	6	5	1	8
6	2	8	9	5	1	7	3	4
9	8	3	2	4	7	6	5	1
2	7	6	5	1	9	4	8	3
4	1	5	6	8	3	9	2	7

Level 2
answers

Level 2 - 1

4	7	1	2	8	9	6	5	3
5	6	2	7	4	3	8	9	1
9	3	8	1	5	6	4	2	7
8	4	7	9	1	5	2	3	6
2	5	3	4	6	8	7	1	9
1	9	6	3	2	7	5	8	4
7	2	9	5	3	4	1	6	8
6	1	4	8	9	2	3	7	5
3	8	5	6	7	1	9	4	2

Level 2 - 2

4	1	7	9	5	3	8	6	2
6	2	8	4	7	1	3	5	9
3	5	9	2	8	6	1	4	7
5	6	3	7	4	8	9	2	1
7	9	1	6	3	2	5	8	4
2	8	4	5	1	9	6	7	3
8	7	5	3	9	4	2	1	6
1	3	2	8	6	7	4	9	5
9	4	6	1	2	5	7	3	8

Level 2 - 3

5	6	1	2	7	8	9	4	3
2	4	7	6	3	9	1	5	8
9	3	8	1	5	4	2	7	6
1	5	3	4	9	7	8	6	2
7	2	6	3	8	1	5	9	4
8	9	4	5	6	2	7	3	1
3	7	9	8	2	6	4	1	5
4	8	5	9	1	3	6	2	7
6	1	2	7	4	5	3	8	9

Level 2 - 4

3	5	6	4	8	2	1	9	7
7	4	9	3	1	5	6	2	8
8	2	1	9	6	7	3	5	4
6	3	5	2	4	8	9	7	1
1	8	4	5	7	9	2	3	6
9	7	2	1	3	6	4	8	5
4	6	7	8	9	3	5	1	2
2	1	3	7	5	4	8	6	9
5	9	8	6	2	1	7	4	3

Level 2 - 5

1	3	7	5	2	6	8	9	4
2	4	9	3	1	8	5	6	7
8	5	6	4	9	7	3	1	2
5	6	3	1	4	9	7	2	8
4	8	2	6	7	5	9	3	1
7	9	1	2	8	3	4	5	6
6	7	8	9	3	1	2	4	5
9	2	5	8	6	4	1	7	3
3	1	4	7	5	2	6	8	9

Level 2 - 6

2	4	1	8	3	5	6	7	9
3	6	8	7	1	9	2	4	5
7	9	5	4	6	2	3	1	8
6	5	4	9	7	3	8	2	1
8	7	9	5	2	1	4	3	6
1	3	2	6	4	8	9	5	7
5	8	7	3	9	4	1	6	2
9	2	3	1	5	6	7	8	4
4	1	6	2	8	7	5	9	3

Level 2 - 7

9	2	7	4	6	8	1	5	3
4	3	6	5	2	1	9	8	7
5	8	1	3	9	7	4	2	6
3	5	2	7	4	6	8	9	1
1	6	8	9	3	2	7	4	5
7	4	9	1	8	5	3	6	2
6	7	5	8	1	9	2	3	4
8	1	4	2	5	3	6	7	9
2	9	3	6	7	4	5	1	8

Level 2 - 8

1	3	4	2	5	6	7	8	9
7	2	5	3	8	9	4	1	6
6	9	8	7	4	1	2	5	3
4	1	6	5	2	3	8	9	7
3	7	2	6	9	8	1	4	5
8	5	9	4	1	7	3	6	2
9	6	1	8	3	2	5	7	4
2	4	7	1	6	5	9	3	8
5	8	3	9	7	4	6	2	1

Level 2 - 9

3	6	4	2	1	8	9	5	7
7	2	9	3	4	5	8	1	6
5	1	8	9	7	6	3	4	2
6	8	3	5	9	7	4	2	1
2	4	7	6	3	1	5	8	9
1	9	5	4	8	2	7	6	3
8	7	2	1	5	9	6	3	4
4	5	1	7	6	3	2	9	8
9	3	6	8	2	4	1	7	5

Level 2 - 10

6	8	3	1	4	7	5	2	9
1	4	9	5	3	2	6	8	7
7	2	5	9	6	8	4	1	3
4	7	1	2	9	6	8	3	5
8	9	2	3	7	5	1	4	6
3	5	6	8	1	4	9	7	2
2	6	8	4	5	3	7	9	1
5	1	4	7	2	9	3	6	8
9	3	7	6	8	1	2	5	4

Level 2 - 11

3	2	1	7	8	5	9	4	6
6	7	5	9	1	4	2	3	8
4	8	9	3	6	2	7	1	5
9	3	4	2	5	8	6	7	1
8	1	2	6	3	7	5	9	4
7	5	6	1	4	9	8	2	3
5	9	8	4	2	1	3	6	7
1	6	7	8	9	3	4	5	2
2	4	3	5	7	6	1	8	9

Level 2 - 12

3	6	7	9	5	8	4	1	2
8	1	9	3	2	4	7	6	5
4	5	2	7	6	1	3	9	8
7	8	1	6	4	2	9	5	3
2	3	5	1	7	9	6	8	4
9	4	6	8	3	5	2	7	1
6	9	8	4	1	3	5	2	7
5	7	4	2	8	6	1	3	9
1	2	3	5	9	7	8	4	6

Level 2 - 13

6	7	3	4	8	1	5	2	9
4	8	1	9	2	5	3	7	6
5	2	9	7	6	3	4	1	8
1	4	8	3	7	2	9	6	5
7	9	6	8	5	4	1	3	2
3	5	2	6	1	9	8	4	7
2	1	7	5	3	8	6	9	4
8	3	4	2	9	6	7	5	1
9	6	5	1	4	7	2	8	3

Level 2 - 14

2	3	7	4	9	1	8	5	6
8	6	9	3	7	5	2	1	4
5	4	1	6	2	8	7	3	9
4	8	5	9	6	2	3	7	1
7	1	6	5	3	4	9	2	8
3	9	2	1	8	7	4	6	5
9	5	4	2	1	3	6	8	7
1	2	8	7	4	6	5	9	3
6	7	3	8	5	9	1	4	2

Level 2 - 15

3	7	1	5	9	4	6	2	8
9	2	6	8	3	1	5	4	7
4	5	8	7	2	6	3	1	9
2	9	3	4	8	7	1	5	6
1	4	7	9	6	5	2	8	3
8	6	5	2	1	3	9	7	4
6	3	4	1	5	8	7	9	2
5	8	2	3	7	9	4	6	1
7	1	9	6	4	2	8	3	5

Level 2 - 16

6	9	7	2	5	4	3	1	8
2	5	3	7	8	1	4	9	6
4	8	1	9	6	3	7	2	5
1	6	9	8	2	7	5	4	3
3	4	5	6	1	9	8	7	2
7	2	8	4	3	5	9	6	1
9	3	6	1	7	8	2	5	4
5	1	4	3	9	2	6	8	7
8	7	2	5	4	6	1	3	9

Level 2 - 17

8	4	3	1	2	7	9	5	6
2	5	9	4	8	6	1	3	7
6	1	7	5	9	3	2	4	8
4	3	6	2	5	1	8	7	9
5	2	8	7	4	9	6	1	3
9	7	1	6	3	8	5	2	4
1	9	5	8	7	4	3	6	2
7	8	2	3	6	5	4	9	1
3	6	4	9	1	2	7	8	5

Level 2 - 18

4	7	2	6	3	9	1	8	5
6	1	5	7	2	8	3	9	4
8	9	3	4	1	5	7	6	2
5	8	1	9	7	6	2	4	3
2	4	7	8	5	3	9	1	6
3	6	9	1	4	2	5	7	8
1	3	6	5	9	4	8	2	7
7	2	8	3	6	1	4	5	9
9	5	4	2	8	7	6	3	1

Level 2 - 19

6	1	7	5	8	3	2	9	4
2	8	9	4	7	6	3	1	5
4	5	3	2	9	1	8	7	6
1	4	8	3	5	9	6	2	7
3	7	6	1	4	2	9	5	8
5	9	2	7	6	8	4	3	1
9	6	1	8	3	7	5	4	2
8	2	4	9	1	5	7	6	3
7	3	5	6	2	4	1	8	9

Level 2 - 20

9	3	5	2	8	6	4	1	7
7	2	1	3	4	5	8	9	6
8	6	4	9	1	7	5	2	3
6	7	9	5	3	8	2	4	1
4	8	3	6	2	1	9	7	5
5	1	2	7	9	4	6	3	8
3	9	8	1	5	2	7	6	4
2	5	7	4	6	3	1	8	9
1	4	6	8	7	9	3	5	2

Level 2 - 21

3	2	6	8	7	1	9	5	4
7	8	9	6	4	5	2	3	1
4	1	5	3	9	2	7	6	8
1	3	4	5	8	7	6	9	2
6	5	7	1	2	9	4	8	3
2	9	8	4	3	6	1	7	5
9	4	2	7	5	8	3	1	6
8	7	1	2	6	3	5	4	9
5	6	3	9	1	4	8	2	7

Level 2 - 22

1	5	6	3	7	2	4	9	8
9	7	3	1	4	8	2	6	5
4	2	8	5	6	9	1	7	3
2	8	7	4	5	3	6	1	9
5	6	9	2	8	1	7	3	4
3	4	1	7	9	6	8	5	2
6	9	4	8	1	5	3	2	7
8	3	5	6	2	7	9	4	1
7	1	2	9	3	4	5	8	6

Level 2 - 23

4	9	8	3	1	7	5	2	6
5	3	1	4	6	2	7	8	9
7	2	6	8	9	5	4	3	1
2	7	3	1	8	9	6	5	4
6	4	9	7	5	3	8	1	2
1	8	5	6	2	4	9	7	3
9	1	4	2	7	8	3	6	5
8	5	2	9	3	6	1	4	7
3	6	7	5	4	1	2	9	8

Level 2 - 24

7	9	5	2	4	8	1	6	3
8	6	4	1	3	7	9	2	5
1	2	3	9	6	5	8	4	7
3	1	9	4	8	2	5	7	6
6	5	8	7	1	3	4	9	2
4	7	2	6	5	9	3	1	8
9	3	1	5	2	6	7	8	4
5	4	6	8	7	1	2	3	9
2	8	7	3	9	4	6	5	1

Level 2 - 25

2	6	1	7	5	9	4	8	3
3	4	5	2	1	8	9	6	7
7	8	9	4	3	6	5	1	2
4	7	3	8	2	5	1	9	6
8	1	6	9	4	3	7	2	5
5	9	2	6	7	1	3	4	8
6	3	8	1	9	7	2	5	4
1	5	4	3	6	2	8	7	9
9	2	7	5	8	4	6	3	1

Level 2 - 26

2	7	5	1	4	9	3	8	6
8	9	6	5	2	3	1	7	4
1	3	4	7	8	6	9	2	5
4	8	2	3	6	1	7	5	9
3	1	7	9	5	2	4	6	8
5	6	9	4	7	8	2	3	1
9	2	8	6	1	7	5	4	3
6	5	3	2	9	4	8	1	7
7	4	1	8	3	5	6	9	2

Level 2 - 27

6	2	1	4	3	5	8	7	9
4	5	7	6	8	9	2	1	3
3	9	8	7	2	1	5	4	6
2	7	3	5	4	6	9	8	1
1	6	4	9	7	8	3	2	5
9	8	5	2	1	3	7	6	4
7	1	2	3	5	4	6	9	8
5	4	9	8	6	2	1	3	7
8	3	6	1	9	7	4	5	2

Level 2 - 28

2	1	6	5	9	3	8	7	4
9	8	4	7	6	1	2	5	3
3	7	5	4	8	2	6	1	9
1	2	8	3	7	6	4	9	5
5	9	7	1	2	4	3	8	6
6	4	3	8	5	9	7	2	1
7	6	9	2	3	5	1	4	8
4	5	2	6	1	8	9	3	7
8	3	1	9	4	7	5	6	2

Level 2 - 29

9	7	2	3	8	1	4	5	6
4	6	3	7	2	5	8	9	1
5	8	1	4	9	6	2	3	7
1	9	5	6	4	2	7	8	3
7	4	6	9	3	8	5	1	2
2	3	8	5	1	7	9	6	4
8	2	9	1	6	4	3	7	5
6	5	4	8	7	3	1	2	9
3	1	7	2	5	9	6	4	8

Level 2 - 30

1	5	6	2	8	9	4	7	3
8	9	7	4	6	3	5	2	1
2	4	3	5	7	1	8	6	9
3	1	2	6	4	7	9	5	8
9	7	8	1	3	5	2	4	6
5	6	4	8	9	2	1	3	7
6	8	9	3	2	4	7	1	5
7	2	1	9	5	6	3	8	4
4	3	5	7	1	8	6	9	2

Level 2 - 31

9	5	3	7	4	8	6	1	2
8	1	6	9	3	2	4	5	7
4	7	2	1	6	5	3	8	9
7	4	8	2	1	3	9	6	5
5	6	9	8	7	4	2	3	1
2	3	1	5	9	6	7	4	8
6	8	5	3	2	9	1	7	4
3	9	7	4	8	1	5	2	6
1	2	4	6	5	7	8	9	3

Level 2 - 32

5	4	3	9	1	7	6	2	8
8	2	1	4	5	6	7	9	3
6	9	7	2	8	3	5	4	1
3	5	6	8	4	2	1	7	9
9	7	8	1	3	5	4	6	2
2	1	4	6	7	9	8	3	5
7	8	2	3	6	1	9	5	4
1	3	5	7	9	4	2	8	6
4	6	9	5	2	8	3	1	7

Level 2 - 33

1	4	3	2	5	7	9	6	8
2	9	6	4	1	8	7	5	3
5	7	8	3	9	6	2	4	1
6	2	4	8	3	1	5	9	7
8	5	9	7	2	4	3	1	6
7	3	1	9	6	5	8	2	4
4	1	2	5	7	3	6	8	9
9	8	7	6	4	2	1	3	5
3	6	5	1	8	9	4	7	2

Level 2 - 34

8	6	9	3	5	7	2	1	4
3	7	1	2	9	4	8	6	5
5	4	2	1	8	6	3	9	7
7	8	3	5	2	1	9	4	6
2	9	6	4	7	3	5	8	1
1	5	4	8	6	9	7	2	3
6	3	5	9	1	2	4	7	8
4	2	7	6	3	8	1	5	9
9	1	8	7	4	5	6	3	2

Level 2 - 35

1	5	8	3	4	7	6	2	9
4	3	6	2	9	1	5	7	8
9	2	7	6	5	8	4	1	3
6	1	4	9	8	2	3	5	7
2	8	5	7	6	3	9	4	1
3	7	9	4	1	5	2	8	6
5	9	3	8	7	4	1	6	2
8	4	2	1	3	6	7	9	5
7	6	1	5	2	9	8	3	4

Level 2 - 36

7	6	5	9	2	1	4	8	3
3	4	2	5	8	6	1	7	9
9	8	1	4	3	7	6	2	5
1	3	4	8	7	5	9	6	2
5	2	9	1	6	4	7	3	8
8	7	6	2	9	3	5	4	1
6	5	7	3	1	8	2	9	4
4	9	3	6	5	2	8	1	7
2	1	8	7	4	9	3	5	6

Level 2 - 37

2	7	1	9	5	6	8	4	3
3	4	9	7	8	1	6	5	2
5	6	8	2	4	3	1	7	9
1	3	7	8	9	4	2	6	5
8	5	4	1	6	2	3	9	7
9	2	6	5	3	7	4	8	1
6	1	2	4	7	9	5	3	8
4	9	5	3	2	8	7	1	6
7	8	3	6	1	5	9	2	4

Level 2 - 38

4	5	6	9	3	1	7	8	2
3	9	8	6	2	7	4	5	1
1	7	2	5	4	8	3	9	6
2	1	9	4	8	5	6	3	7
8	3	7	1	6	9	5	2	4
6	4	5	3	7	2	9	1	8
7	8	4	2	9	3	1	6	5
9	2	1	7	5	6	8	4	3
5	6	3	8	1	4	2	7	9

Level 2 - 39

3	9	4	5	6	7	1	2	8
1	7	8	3	4	2	9	5	6
5	2	6	8	9	1	7	3	4
8	5	9	1	7	6	3	4	2
6	3	1	4	2	8	5	7	9
2	4	7	9	3	5	6	8	1
9	8	5	2	1	3	4	6	7
7	1	3	6	8	4	2	9	5
4	6	2	7	5	9	8	1	3

Level 2 - 40

9	7	6	8	4	6	1	2	5
5	6	1	2	7	9	8	3	4
8	2	4	5	3	1	6	9	7
7	9	2	4	8	3	5	1	6
6	4	5	9	1	7	2	8	3
1	3	8	6	5	2	7	4	9
2	5	7	3	9	8	4	6	1
4	8	9	1	6	5	3	7	2
3	1	6	7	2	4	9	5	8

Level 2 - 41

9	6	7	5	4	8	2	1	3
3	2	4	6	1	9	7	5	8
5	8	1	2	3	7	4	6	9
4	3	6	7	2	1	8	9	5
1	5	9	4	8	6	3	2	7
2	7	8	3	9	5	1	4	6
7	9	3	1	6	4	5	8	2
6	1	2	8	5	3	9	7	4
8	4	5	9	7	2	6	3	1

Level 2 - 42

1	7	9	3	8	4	5	2	6
3	4	6	7	5	2	9	1	8
2	5	8	6	9	1	4	3	7
6	3	5	4	7	8	2	9	1
7	1	2	5	3	9	6	8	4
9	8	4	2	1	6	3	7	5
4	9	3	1	6	7	8	5	2
8	6	7	9	2	5	1	4	3
5	2	1	8	4	3	7	6	9

Level 2 - 43

8	6	1	4	2	7	5	3	9
5	7	9	6	8	3	1	4	2
3	4	2	5	1	9	8	7	6
2	3	5	9	6	8	7	1	4
6	1	8	3	7	4	9	2	5
4	9	7	1	5	2	6	8	3
9	8	4	7	3	6	2	5	1
7	5	6	2	4	1	3	9	8
1	2	3	8	9	5	4	6	7

Level 2 - 44

6	3	7	9	4	1	5	2	8
4	8	9	5	6	2	7	1	3
1	5	2	3	7	8	9	4	6
8	1	4	2	9	5	3	6	7
9	6	3	1	8	7	4	5	2
2	7	5	4	3	6	8	9	1
3	2	1	8	5	4	6	7	9
5	9	6	7	1	3	2	8	4
7	4	8	6	2	9	1	3	5

Level 2 - 45

8	1	9	6	3	5	4	2	7
2	5	7	8	1	4	9	3	6
3	4	6	2	9	7	1	8	5
9	2	3	4	6	1	5	7	8
5	8	4	7	2	3	6	1	9
7	6	1	5	8	9	3	4	2
4	9	2	3	5	8	7	6	1
1	7	8	9	4	6	2	5	3
6	3	5	1	7	2	8	9	4

Level 2 - 46

3	1	8	6	9	4	2	7	5
7	5	9	8	2	1	4	6	3
2	4	6	5	7	3	9	8	1
5	3	2	1	8	6	7	4	9
4	6	7	2	5	9	3	1	8
8	9	1	4	3	7	6	5	2
9	2	5	7	6	8	1	3	4
6	8	4	3	1	2	5	9	7
1	7	3	9	4	5	8	2	6

Level 2 - 47

7	1	3	2	9	5	6	8	4
2	9	4	3	8	6	5	7	1
8	5	6	4	7	1	3	9	2
1	8	5	9	2	3	4	6	7
3	6	2	7	1	4	9	5	8
9	4	7	6	5	8	1	2	3
6	3	8	5	4	7	2	1	9
5	7	9	1	3	2	8	4	6
4	2	1	8	6	9	7	3	5

Level 2 - 48

2	9	3	8	4	7	5	1	6
4	1	7	9	6	5	2	3	8
5	6	8	1	2	3	4	7	9
3	4	1	7	9	6	8	2	5
8	5	6	3	1	2	9	4	7
7	2	9	5	8	4	3	6	1
6	8	2	4	5	1	7	9	3
1	7	5	2	3	9	6	8	4
9	3	4	6	7	8	1	5	2

Level 2 - 49

2	1	7	6	9	4	3	8	5
3	5	8	1	2	7	4	6	9
4	6	9	5	3	8	7	1	2
7	2	1	9	8	5	6	3	4
8	4	3	2	7	6	5	9	1
5	9	6	3	4	1	8	2	7
9	7	4	8	1	3	2	5	6
6	8	2	4	5	9	1	7	3
1	3	5	7	6	2	9	4	8

Level 2 - 50

1	5	3	2	8	9	4	6	7
2	4	7	3	1	6	9	5	8
9	8	6	4	7	5	1	2	3
4	2	5	9	3	8	6	7	1
6	1	9	5	4	7	3	8	2
7	3	8	6	2	1	5	4	9
3	7	2	1	5	4	8	9	6
5	9	1	8	6	2	7	3	4
8	6	4	7	9	3	2	1	5

Level 2 - 51

7	3	4	5	6	1	9	2	8
2	6	9	3	4	8	7	5	1
5	8	1	2	9	7	4	3	6
9	7	3	8	5	4	1	6	2
8	1	2	6	7	3	5	4	9
6	4	5	9	1	2	8	7	3
4	9	8	7	3	6	2	1	5
1	2	6	4	8	5	3	9	7
3	5	7	1	2	9	6	8	4

Level 2 - 52

6	3	1	4	9	5	7	8	2
5	2	8	6	7	1	4	9	3
7	9	4	2	8	3	6	5	1
4	7	3	8	2	9	5	1	6
1	6	2	7	5	4	8	3	9
8	5	9	1	3	6	2	4	7
3	8	5	9	6	7	1	2	4
9	4	7	5	1	2	3	6	8
2	1	6	3	4	8	9	7	5

Level 2 - 53

5	4	7	8	2	9	3	1	6
1	9	3	4	5	6	7	2	8
6	8	2	7	3	1	5	4	9
9	1	6	2	7	3	4	8	5
3	5	4	9	1	8	2	6	7
7	2	8	5	6	4	1	9	3
4	6	1	3	8	5	9	7	2
2	3	9	6	4	7	8	5	1
8	7	5	1	9	2	6	3	4

Level 2 - 54

5	9	7	4	3	8	2	6	1
1	8	3	7	6	2	5	4	9
4	2	6	9	1	5	8	7	3
6	5	8	1	7	4	9	3	2
9	1	4	8	2	3	6	5	7
3	7	2	6	5	9	1	8	4
2	6	5	3	4	1	7	9	8
7	4	9	2	8	6	3	1	5
8	3	1	5	9	7	4	2	6

Level 2 - 55

6	8	4	9	7	1	3	5	2
5	7	9	6	3	2	8	1	4
3	1	2	8	5	4	9	7	6
8	5	3	4	9	7	2	6	1
1	4	7	2	6	3	5	8	9
2	9	6	5	1	8	4	3	7
4	6	5	1	8	9	7	2	3
9	3	1	7	2	5	6	4	8
7	2	8	3	4	6	1	9	5

Level 2 - 56

6	7	5	1	8	2	9	4	3
3	4	2	7	5	9	1	6	8
8	9	1	4	3	6	5	7	2
9	8	3	5	2	7	4	1	6
4	5	6	8	9	1	2	3	7
2	1	7	3	6	4	8	5	9
5	3	4	9	7	8	6	2	1
1	2	9	6	4	3	7	8	5
7	6	8	2	1	5	3	9	4

Level 2 - 57

8	2	4	5	3	7	9	1	6
6	1	7	4	9	8	3	2	5
9	5	3	6	2	1	8	4	7
5	8	1	9	6	2	7	3	4
4	7	6	8	5	3	2	9	1
2	3	9	7	1	4	5	6	8
3	4	5	1	7	9	6	8	2
7	9	8	2	4	6	1	5	3
1	6	2	3	8	5	4	7	9

Level 2 - 58

1	7	3	5	6	2	9	4	8
6	8	9	7	3	4	2	5	1
5	4	2	9	1	8	6	3	7
3	5	1	8	2	6	7	9	4
7	6	8	1	4	9	3	2	5
2	9	4	3	7	5	1	8	6
8	2	7	6	5	3	4	1	9
9	3	6	4	8	1	5	7	2
4	1	5	2	9	7	8	6	3

Level 2 - 59

5	8	2	6	7	4	1	3	9
3	9	4	1	2	5	7	6	8
1	7	6	8	3	9	4	5	2
9	4	8	3	6	1	5	2	7
6	3	7	9	5	2	8	4	1
2	5	1	4	8	7	3	9	6
8	2	3	5	1	6	9	7	4
7	1	9	2	4	3	6	8	5
4	6	5	7	9	8	2	1	3

Level 2 - 60

7	8	1	9	5	6	2	3	4
4	2	6	3	7	1	9	8	5
2	9	5	4	8	2	6	7	1
2	7	8	6	9	5	4	1	3
6	1	3	2	4	7	8	5	9
9	5	4	1	3	8	7	2	6
5	4	2	8	1	9	3	6	7
8	3	7	5	6	4	1	9	2
1	6	9	7	2	3	5	4	8

Level 2 - 61

7	1	3	9	6	5	4	2	8
6	4	9	3	8	2	7	1	5
5	8	2	4	1	7	9	6	3
1	7	8	2	9	3	5	4	6
2	9	4	6	5	8	1	3	7
3	6	5	7	4	1	8	9	2
8	2	6	1	7	9	3	5	4
4	5	1	8	3	6	2	7	9
9	3	7	5	2	4	6	8	1

Level 2 - 62

6	3	7	5	4	9	8	1	2
1	9	8	7	6	2	5	4	3
4	2	5	1	8	3	9	6	7
3	6	4	2	1	5	7	9	8
7	5	2	6	9	8	4	3	1
8	1	9	4	3	7	6	2	5
5	7	3	9	2	4	1	8	6
9	8	1	3	5	6	2	7	4
2	4	6	8	7	1	3	5	9

Level 2 - 63

7	5	2	3	8	9	1	6	4
6	8	3	1	7	4	9	5	2
4	9	1	6	2	5	3	7	8
2	7	6	5	3	1	4	8	9
5	1	4	7	9	8	6	2	3
8	3	9	2	4	5	7	1	6
1	6	8	9	5	3	2	4	7
9	4	7	8	1	2	5	3	6
3	2	5	4	6	7	8	9	1

Level 2 - 64

5	6	9	1	3	8	7	2	4
4	7	1	6	2	5	3	9	8
2	3	8	9	7	4	1	6	5
6	4	3	8	5	1	9	7	2
8	9	1	3	6	7	4	5	1
7	1	5	4	9	2	6	8	3
9	8	6	2	4	3	5	1	7
1	5	4	7	8	6	2	3	9
3	2	7	5	1	9	8	4	6

Level 2 - 65

2	6	3	8	4	5	7	1	9
8	9	5	1	6	7	2	4	3
1	4	7	9	2	3	5	8	6
7	8	4	5	3	1	6	9	2
5	2	1	6	7	9	4	3	8
9	3	6	2	8	4	1	5	7
6	1	2	4	9	8	3	7	5
4	7	9	3	5	2	8	6	1
3	5	8	7	1	6	9	2	4

Level 2 - 66

3	5	7	1	2	9	8	6	4
8	2	4	7	5	6	3	9	1
6	9	1	4	3	8	2	7	5
4	6	9	5	8	3	7	1	2
1	3	2	9	4	7	6	5	8
5	7	8	6	1	2	4	3	9
9	4	6	2	7	1	5	8	3
7	8	5	3	9	4	1	2	6
2	1	3	8	6	5	9	4	7

Level 2 - 67

7	3	2	6	1	8	4	5	9
5	4	8	9	2	7	3	1	6
1	9	6	4	3	5	7	8	2
3	2	7	5	6	1	9	4	8
9	6	5	3	8	4	2	7	1
4	8	1	2	7	9	5	6	3
6	7	4	8	9	3	1	2	5
2	5	9	1	4	6	8	3	7
8	1	3	7	5	2	6	9	4

Level 2 - 68

6	7	1	5	4	8	9	2	3
3	2	5	6	7	9	4	1	8
4	9	8	2	3	1	6	5	7
2	6	7	3	5	4	8	9	1
1	4	3	9	8	2	5	7	6
5	8	9	1	6	7	3	4	2
7	5	4	8	1	6	2	3	9
8	3	2	7	9	5	1	6	4
9	1	6	4	2	3	7	8	5

Level 2 - 69

4	1	8	7	5	6	2	3	9
5	3	7	4	9	2	8	6	1
9	6	2	3	8	1	4	7	5
1	9	5	6	7	8	3	4	2
7	2	4	9	1	3	6	5	8
6	8	3	2	4	5	9	1	7
2	7	9	5	6	4	1	8	3
3	4	1	8	2	7	5	9	6
8	5	6	1	3	9	7	2	4

Level 2 - 70

3	8	6	1	4	9	5	7	2
4	1	5	3	2	7	8	6	9
7	2	9	6	5	8	4	3	1
2	4	7	9	6	1	3	8	5
5	9	3	7	8	4	1	2	6
8	6	1	2	3	5	7	9	4
9	3	8	4	1	2	6	5	7
6	7	4	5	9	3	2	1	8
1	5	2	8	7	6	9	4	3

Level 2 - 71

3	9	1	7	2	5	8	6	4
2	6	7	9	4	8	1	3	5
8	4	5	3	1	6	2	7	9
7	8	9	5	6	2	3	4	1
6	3	4	1	9	7	5	8	2
5	1	2	4	8	3	7	9	6
1	2	6	8	3	9	4	5	7
4	5	3	6	7	1	9	2	8
9	7	8	2	5	4	6	1	3

Level 2 - 72

6	1	5	3	7	2	9	4	8
8	7	9	5	1	4	2	6	3
3	2	4	9	8	6	7	5	1
1	3	2	7	6	9	5	8	4
7	4	8	1	3	5	6	9	2
9	5	6	2	4	8	3	1	7
2	6	1	4	9	7	8	3	5
4	8	7	6	5	3	1	2	9
5	9	3	8	2	1	4	7	6

Level 2 - 73

8	4	5	2	1	9	6	3	7
9	6	1	8	3	7	5	4	2
2	3	7	4	6	5	9	8	1
5	2	3	7	4	6	1	9	8
7	8	4	3	9	1	2	6	5
6	1	9	5	2	8	3	7	4
4	5	6	9	7	2	8	1	3
3	9	8	1	5	4	7	2	6
1	7	2	6	8	3	4	5	9

Level 2 - 74

7	6	3	8	9	1	4	2	5
5	9	8	3	4	2	7	1	6
2	4	1	5	6	7	3	8	9
8	3	7	6	5	9	1	4	2
1	2	9	4	7	3	6	5	8
6	5	4	2	1	8	9	7	3
9	8	2	1	3	4	5	6	7
3	1	6	7	8	5	2	9	4
4	7	5	9	2	6	8	3	1

Level 2 - 75

6	7	9	4	1	3	2	8	5
5	3	8	6	7	2	1	4	9
2	4	1	5	8	9	6	7	3
4	6	5	9	2	7	3	1	8
1	8	2	3	5	4	7	9	6
3	9	7	1	6	8	5	2	4
7	1	4	8	3	6	9	5	2
9	2	6	7	4	5	8	3	1
8	5	3	2	9	1	4	6	7

Level 2 - 76

1	2	7	9	4	5	3	6	8
6	5	3	8	1	7	9	2	4
8	4	9	2	3	6	1	7	5
3	8	1	6	7	2	4	5	9
5	9	6	4	8	1	2	3	7
4	7	2	5	9	3	8	1	6
7	1	4	3	6	9	5	8	2
2	3	8	7	5	4	6	9	1
9	6	5	1	2	8	7	4	3

Level 2 - 77

3	1	5	7	8	4	2	9	6
6	4	2	3	9	5	1	8	7
8	7	9	6	1	2	4	3	5
4	6	3	8	7	1	5	2	9
9	2	7	4	5	6	3	1	8
1	5	8	9	2	3	7	6	4
2	8	1	5	6	7	9	4	3
7	9	4	1	3	8	6	5	2
5	3	6	2	4	9	8	7	1

Level 2 - 78

2	6	5	3	7	1	4	9	8
3	4	7	9	2	8	6	1	5
1	9	8	5	4	6	2	3	7
5	1	2	7	3	4	9	8	6
4	8	3	2	6	9	5	7	1
6	7	9	8	1	5	3	2	4
7	2	6	4	8	3	1	5	9
8	5	4	1	9	2	7	6	3
9	3	1	6	5	7	8	4	2

Level 2 - 79

7	5	3	9	8	4	1	6	2
8	9	2	5	6	1	4	7	3
4	6	1	2	7	3	8	5	9
9	8	4	7	5	2	6	3	1
1	2	6	4	3	9	7	8	5
5	3	7	8	1	6	2	9	4
2	7	9	3	4	8	5	1	6
6	4	5	1	9	7	3	2	8
3	1	8	6	2	5	9	4	7

Level 2 - 80

1	8	9	3	2	5	7	4	6
3	6	4	1	9	7	2	8	5
2	5	7	6	4	8	3	1	9
7	1	6	4	8	3	5	9	2
9	2	8	5	1	6	4	7	3
5	4	3	2	7	9	1	6	8
4	3	2	8	6	1	9	5	7
8	9	5	7	3	4	6	2	1
6	7	1	9	5	2	8	3	4

Level 2 - 81

6	3	1	8	2	4	7	9	5
5	4	8	7	1	9	6	2	3
7	9	2	5	6	3	4	1	8
2	6	3	9	7	5	8	4	1
9	5	4	3	8	1	2	6	7
8	1	7	6	4	2	5	3	9
1	8	6	4	3	7	9	5	2
3	7	9	2	5	6	1	8	4
4	2	5	1	9	8	3	7	6

Level 2 - 82

7	4	9	8	5	1	2	6	3
8	3	6	7	4	2	9	5	1
2	5	1	9	6	3	8	7	4
6	2	8	1	9	7	3	4	5
9	7	5	2	3	4	1	8	6
4	1	3	5	8	6	7	9	2
3	8	4	6	2	9	5	1	7
1	9	2	4	7	5	6	3	8
5	6	7	3	1	8	4	2	9

Level 2 - 83

3	6	7	5	9	8	4	1	2
4	8	2	6	1	7	3	9	5
9	1	5	4	3	2	8	6	7
8	9	4	2	6	5	1	7	3
7	5	3	9	4	1	6	2	8
1	2	6	8	7	3	9	5	4
5	3	8	1	2	6	7	4	9
2	4	1	7	8	9	5	3	6
6	7	9	3	5	4	2	8	1

Level 2 - 84

3	7	8	9	5	2	1	4	6
6	4	9	3	7	1	2	8	5
1	2	5	8	6	4	3	9	7
9	3	4	6	2	7	5	1	8
2	8	6	1	3	5	9	7	4
7	5	1	4	9	8	6	3	2
5	1	7	2	4	3	8	6	9
8	6	2	7	1	9	4	5	3
4	9	3	5	8	6	7	2	1

Level 2 - 85

6	2	5	3	9	7	1	4	8
3	9	1	8	2	4	5	6	7
4	7	8	1	6	5	2	9	3
1	3	7	5	4	9	8	2	6
2	5	4	6	7	8	9	3	1
9	8	6	2	1	3	4	7	5
5	6	3	4	8	2	7	1	9
7	1	2	9	5	6	3	8	4
8	4	9	7	3	1	6	5	2

Level 2 - 86

8	9	3	4	2	7	6	1	5
4	7	1	6	9	5	3	8	2
5	2	6	1	3	8	7	9	4
6	8	2	7	4	1	5	3	9
9	3	4	2	5	6	8	7	1
7	1	5	9	8	3	4	2	6
1	4	8	5	7	9	2	6	3
2	6	7	3	1	4	9	5	8
3	5	9	8	6	2	1	4	7

Level 2 - 87

1	7	6	2	5	9	4	8	3
8	3	2	6	7	4	9	5	1
4	5	9	3	1	8	7	6	2
5	1	7	8	6	2	3	4	9
6	9	4	5	3	7	2	1	8
3	2	8	9	4	1	5	7	6
7	8	5	1	9	3	6	2	4
2	4	3	7	8	6	1	9	5
9	6	1	4	2	5	8	3	7

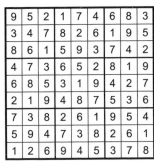

Level 2 - 88

4	9	5	3	8	1	2	6	7
8	6	1	5	7	2	4	3	9
7	2	3	6	9	4	1	5	8
6	7	2	4	5	9	3	8	1
3	5	9	7	1	8	6	4	2
1	4	8	2	3	6	9	7	5
5	1	4	8	2	3	7	9	6
2	3	7	9	6	5	8	1	4
9	8	6	1	4	7	5	2	3

Level 2 - 89

9	5	2	1	7	4	6	8	3
3	4	7	8	2	6	1	9	5
8	6	1	5	9	3	7	4	2
4	7	3	6	5	2	8	1	9
6	8	5	3	1	9	4	2	7
2	1	9	4	8	7	5	3	6
7	3	8	2	6	1	9	5	4
5	9	4	7	3	8	2	6	1
1	2	6	9	4	5	3	7	8

Level 2 - 90

1	9	5	7	3	4	8	2	6
8	6	2	1	5	9	7	4	3
4	7	3	2	8	6	1	5	9
3	4	9	5	2	8	6	7	1
6	2	1	4	9	7	5	3	8
7	5	8	3	6	1	4	9	2
5	8	4	9	1	2	3	6	7
2	1	7	6	4	3	9	8	5
9	3	6	8	7	5	2	1	4

Level 2 - 91

4	8	6	9	5	3	2	1	7
5	1	9	8	7	2	4	6	3
2	3	7	4	6	1	5	9	8
1	2	3	7	8	4	9	5	6
7	5	4	2	9	6	8	3	1
9	6	8	3	1	5	7	4	2
8	7	1	5	3	9	6	2	4
3	4	5	6	2	7	1	8	9
6	9	2	1	4	8	3	7	5

Level 2 - 92

6	5	7	2	8	1	9	4	3
1	4	3	5	6	9	7	2	8
2	9	8	7	4	3	5	1	6
3	8	1	9	7	6	4	5	2
9	2	4	3	5	8	1	6	7
5	7	6	4	1	2	3	8	9
4	3	5	6	2	7	8	9	1
7	1	2	8	9	5	6	3	4
8	6	9	1	3	4	2	7	5

Level 2 - 93

6	4	2	9	3	5	1	7	8
5	8	7	4	1	6	2	3	9
9	3	1	8	7	2	5	6	4
7	6	3	2	8	9	4	5	1
8	9	5	6	4	1	3	2	7
1	2	4	3	5	7	9	8	6
2	7	6	1	9	3	8	4	5
4	5	9	7	2	8	6	1	3
3	1	8	5	6	4	7	9	2

Level 2 - 94

5	7	3	6	1	9	4	8	2
1	2	9	7	8	4	5	6	3
4	6	8	3	2	5	1	7	9
2	9	1	4	7	8	6	3	5
7	8	6	1	5	3	9	2	4
3	4	5	2	9	6	7	1	8
8	3	4	9	6	1	2	5	7
6	5	7	8	4	2	3	9	1
9	1	2	5	3	7	8	4	6

Level 2 - 95

3	4	7	5	8	6	1	2	9
1	9	8	2	4	3	7	6	5
5	2	6	9	7	1	8	4	3
9	1	3	8	6	5	2	7	4
6	5	2	7	3	4	9	8	1
7	8	4	1	2	9	3	5	6
8	6	9	3	5	7	4	1	2
2	3	5	4	1	8	6	9	7
4	7	1	6	9	2	5	3	8

Level 2 - 96

8	7	2	1	5	3	6	4	9
5	9	1	2	6	4	8	7	3
6	4	3	9	8	7	5	1	2
9	8	5	6	2	1	7	3	4
1	6	4	7	3	8	9	2	5
2	3	7	4	9	5	1	8	6
7	5	8	3	4	9	2	6	1
3	1	6	5	7	2	4	9	8
4	2	9	8	1	6	3	5	7

7	1	6	2	3	5	9	8	4
9	8	2	1	6	4	7	5	3
5	4	3	8	7	9	1	6	2
1	9	4	5	2	7	8	3	6
8	3	5	9	1	6	2	4	7
2	6	7	3	4	8	5	1	9
3	7	9	6	8	1	4	2	5
6	5	8	4	9	2	3	7	1
4	2	1	7	5	3	6	9	8

Level 2 - 97

6	3	7	5	2	4	1	9	8
8	2	1	9	6	3	4	5	7
4	9	5	8	7	1	2	6	3
2	5	8	4	9	7	3	1	6
9	7	6	1	3	2	8	4	5
3	1	4	6	8	5	9	7	2
7	8	9	2	1	6	5	3	4
5	6	2	3	4	9	7	8	1
1	4	3	7	5	8	6	2	9

Level 2 - 98

2	1	3	5	7	4	9	6	8
5	8	6	9	2	1	3	4	7
7	9	4	6	3	8	5	2	1
1	5	2	7	9	6	4	8	3
4	6	9	1	8	3	7	5	2
8	3	7	2	4	5	6	1	9
9	7	1	4	6	2	8	3	5
6	2	8	3	5	7	1	9	4
3	4	5	8	1	9	2	7	6

Level 2 - 99

9	4	3	8	7	2	6	1	5
5	7	6	4	9	1	2	8	3
1	2	8	6	3	5	9	7	4
7	5	1	9	4	6	8	3	2
2	6	4	3	1	8	7	5	9
8	3	9	5	2	7	1	4	6
3	1	2	7	6	4	5	9	8
6	9	5	1	8	3	4	2	7
4	8	7	2	5	9	3	6	1

Level 2 - 100

Level 3

answers

Level 3 - 1

5	2	1	7	4	9	6	3	8
4	3	8	6	1	2	7	9	5
9	7	6	3	8	5	2	4	1
8	4	9	5	3	6	1	2	7
6	5	2	9	7	1	3	8	4
7	1	3	4	2	8	5	6	9
3	8	5	1	6	4	9	7	2
1	6	4	2	9	7	8	5	3
2	9	7	8	5	3	4	1	6

Level 3 - 2

9	8	3	1	5	4	6	7	2
1	6	4	3	7	2	9	5	8
7	2	5	9	6	8	1	4	3
3	9	7	5	1	6	8	2	4
2	1	8	7	4	3	5	9	6
4	5	6	2	8	9	3	1	7
8	3	1	4	9	7	2	6	5
6	4	9	8	2	5	7	3	1
5	7	2	6	3	1	4	8	9

Level 3 - 3

3	6	9	2	7	4	8	1	5
7	1	5	6	9	8	4	3	2
2	8	4	3	1	5	7	9	6
4	7	6	5	3	2	9	8	1
8	9	1	7	4	6	2	5	3
5	3	2	9	8	1	6	7	4
9	4	7	1	6	3	5	2	8
6	5	3	8	2	9	1	4	7
1	2	8	4	5	7	3	6	9

Level 3 - 4

2	4	7	9	8	3	6	1	5
1	8	9	6	7	5	4	2	3
6	3	5	4	1	2	9	7	8
3	6	2	8	4	1	5	9	7
7	5	1	2	3	9	8	6	4
8	9	4	7	5	6	2	3	1
4	2	8	1	6	7	3	5	9
9	7	3	5	2	4	1	8	6
5	1	6	3	9	8	7	4	2

Level 3 - 5

8	2	3	6	5	1	4	7	9
5	7	1	9	2	4	6	3	8
4	9	6	3	7	8	1	5	2
9	8	7	1	3	5	2	6	4
6	1	5	8	4	2	7	9	3
2	3	4	7	9	6	5	8	1
3	6	8	2	1	7	9	4	5
7	5	2	4	8	9	3	1	6
1	4	9	5	6	3	8	2	7

Level 3 - 6

3	1	7	2	6	5	9	8	4
8	6	9	4	7	1	5	2	3
2	5	4	8	9	3	1	7	6
6	2	1	3	8	4	7	9	5
5	7	8	6	2	9	4	3	1
9	4	3	5	1	7	2	6	8
7	9	5	1	3	6	8	4	2
4	8	6	7	5	2	3	1	9
1	3	2	9	4	8	6	5	7

Level 3 - 7

2	3	4	5	7	1	6	8	9
8	9	6	2	3	4	7	5	1
1	5	7	6	9	8	3	2	4
3	1	8	7	5	6	4	9	2
5	6	2	3	4	9	8	1	7
7	4	9	1	8	2	5	6	3
6	2	3	8	1	7	9	4	5
4	7	1	9	6	5	2	3	8
9	8	5	4	2	3	1	7	6

Level 3 - 8

2	9	7	6	4	8	5	1	3
3	1	4	7	9	5	8	2	6
8	5	6	3	1	2	4	9	7
4	6	9	5	3	7	2	8	1
1	3	8	9	2	4	6	7	5
5	7	2	1	8	6	3	4	9
9	4	1	8	6	3	7	5	2
6	8	5	2	7	1	9	3	4
7	2	3	4	5	9	1	6	8

Level 3 - 9

9	4	3	6	7	8	5	2	1
5	8	1	2	3	9	4	6	7
6	7	2	4	5	1	9	3	8
2	5	9	1	4	6	7	8	3
8	3	7	9	2	5	1	4	6
4	1	6	7	8	3	2	5	9
1	9	4	8	6	2	3	7	5
7	6	5	3	1	4	8	9	2
3	2	8	5	9	7	6	1	4

Level 3 - 10

4	5	9	2	3	7	6	8	1
2	1	7	5	6	8	4	3	9
8	6	3	9	1	4	7	5	2
9	2	1	4	5	3	8	6	7
7	8	5	1	2	6	3	9	4
3	4	6	7	8	9	1	2	5
5	7	8	3	9	1	2	4	6
6	9	4	8	7	2	5	1	3
1	3	2	6	4	5	9	7	8

Level 3 - 11

9	8	6	5	3	4	2	7	1
2	5	3	7	8	1	4	6	9
7	4	1	6	2	9	8	3	5
4	1	9	8	7	2	3	5	6
3	7	2	4	5	6	1	9	8
8	6	5	1	9	3	7	2	4
6	3	4	9	1	7	5	8	2
1	2	8	3	6	5	9	4	7
5	9	7	2	4	8	6	1	3

Level 3 - 12

4	6	2	8	9	7	1	5	3
8	7	5	4	1	3	6	2	9
9	1	3	5	6	2	4	7	8
7	8	1	9	5	4	3	6	2
2	9	4	6	3	8	7	1	5
3	5	6	2	7	1	8	9	4
6	4	8	1	2	5	9	3	7
1	2	7	3	8	9	5	4	6
5	3	9	7	4	6	2	8	1

Level 3 - 13

1	2	3	5	8	6	7	4	9
8	9	7	3	2	4	5	6	1
6	5	4	9	7	1	8	2	3
5	3	6	4	9	8	1	7	2
9	4	8	2	1	7	3	5	6
2	7	1	6	5	3	4	9	8
4	6	5	1	3	2	9	8	7
3	8	9	7	6	5	2	1	4
7	1	2	8	4	9	6	3	5

Level 3 - 14

5	1	6	7	4	9	2	3	8
8	2	4	6	5	3	7	1	9
3	7	9	1	2	8	4	6	5
9	3	7	5	8	4	6	2	1
1	6	5	2	3	7	9	8	4
2	4	8	9	6	1	5	7	3
4	8	2	3	9	6	1	5	7
7	5	3	4	1	2	8	9	6
6	9	1	8	7	5	3	4	2

Level 3 - 15

1	7	9	8	2	5	4	6	3
8	4	5	3	6	9	1	7	2
2	6	3	4	7	1	9	8	5
4	1	7	2	3	8	5	9	6
3	2	6	9	5	7	8	4	1
9	5	8	6	1	4	3	2	7
5	3	4	7	8	6	2	1	9
6	8	2	1	9	3	7	5	4
7	9	1	5	4	2	6	3	8

Level 3 - 16

7	5	3	4	1	6	2	8	9
8	2	6	9	7	5	1	4	3
4	1	9	3	8	2	5	6	7
9	4	1	7	6	3	8	5	2
3	8	2	1	5	9	6	7	4
6	7	5	8	2	4	3	9	1
5	3	4	6	9	1	7	2	8
2	9	7	5	3	8	4	1	6
1	6	8	2	4	7	9	3	5

Level 3 - 17

8	6	4	2	1	5	3	9	7
7	2	9	4	8	3	5	6	1
3	5	1	6	7	9	2	4	8
5	7	8	9	6	4	1	2	3
9	1	2	3	5	7	6	8	4
4	3	6	8	2	1	7	5	9
6	9	5	7	3	8	4	1	2
2	4	7	1	9	6	8	3	5
1	8	3	5	4	2	9	7	6

Level 3 - 18

9	8	7	3	1	5	6	2	4
4	6	1	9	7	2	8	3	5
2	3	5	8	6	4	7	1	9
7	9	6	2	3	1	5	4	8
8	1	4	5	9	7	2	6	3
3	5	2	4	8	6	9	7	1
1	4	8	7	2	9	3	5	6
6	7	3	1	5	8	4	9	2
5	2	9	6	4	3	1	8	7

Level 3 - 19

5	1	2	4	7	3	8	9	6
4	8	3	5	9	6	2	7	1
6	9	7	2	1	8	4	3	5
7	4	9	6	8	2	5	1	3
2	6	1	9	3	5	7	8	4
8	3	5	7	4	1	6	2	9
1	5	4	8	2	9	3	6	7
9	2	6	3	5	7	1	4	8
3	7	8	1	6	4	9	5	2

Level 3 - 20

4	1	6	8	9	2	7	3	5
3	2	9	7	4	5	1	6	8
5	8	7	3	6	1	2	4	9
7	4	1	9	8	3	6	5	2
8	9	3	5	2	6	4	7	1
2	6	5	4	1	7	8	9	3
6	3	4	2	5	8	9	1	7
1	5	8	6	7	9	3	2	4
9	7	2	1	3	4	5	8	6

Level 3 - 21

6	9	5	1	2	3	8	7	4
7	1	4	5	8	6	3	2	9
3	8	2	9	4	7	5	1	6
9	7	3	6	1	2	4	8	5
2	5	8	3	7	4	6	9	1
1	4	6	8	5	9	2	3	7
5	3	1	7	6	8	9	4	2
8	2	7	4	9	5	1	6	3
4	6	9	2	3	1	7	5	8

Level 3 - 22

1	8	4	5	6	9	3	2	7
2	9	7	1	3	8	4	5	6
6	3	5	2	7	4	9	8	1
7	5	1	8	2	3	6	9	4
4	2	8	9	1	6	7	3	5
3	6	9	4	5	7	8	1	2
8	7	2	6	9	5	1	4	3
5	4	6	3	8	1	2	7	9
9	1	3	7	4	2	5	6	8

Level 3 - 23

8	2	6	7	9	1	4	3	5
4	7	1	5	3	8	9	6	2
3	9	5	4	6	2	1	7	8
5	6	8	3	2	4	7	1	9
1	4	7	8	5	9	6	2	3
9	3	2	6	1	7	8	5	4
7	1	9	2	8	3	5	4	6
2	5	4	9	7	6	3	8	1
6	8	3	1	4	5	2	9	7

Level 3 - 24

9	5	4	3	8	6	2	7	1
2	1	6	5	9	7	8	3	4
3	8	7	2	1	4	6	9	5
7	2	9	8	5	3	1	4	6
1	4	8	9	6	2	7	5	3
5	6	3	7	4	1	9	2	8
6	9	2	4	3	8	5	1	7
8	3	5	1	7	9	4	6	2
4	7	1	6	2	5	3	8	9

8	2	7	6	5	4	9	1	3
5	9	3	7	8	1	6	4	2
1	4	6	9	2	3	5	7	8
6	5	1	8	7	2	3	9	4
3	8	4	1	6	9	2	5	7
9	7	2	4	3	5	8	6	1
7	6	5	3	4	8	1	2	9
4	1	8	2	9	6	7	3	5
2	3	9	5	1	7	4	8	6

Level 3 - 25

3	9	1	4	7	2	5	6	8
8	7	4	6	9	5	2	3	1
5	6	2	8	3	1	7	4	9
9	5	3	2	6	7	8	1	4
7	1	8	3	5	4	9	2	6
4	2	6	9	1	8	3	5	7
6	8	5	7	4	3	1	9	2
2	3	9	1	8	6	4	7	5
1	4	7	5	2	9	6	8	3

Level 3 - 26

3	9	1	2	8	7	4	6	5
4	5	2	3	9	6	7	8	1
6	8	7	4	5	1	3	9	2
7	6	9	1	4	5	2	3	8
8	4	5	7	2	3	6	1	9
1	2	3	9	6	8	5	7	4
5	3	4	6	1	9	8	2	7
2	1	6	8	7	4	9	5	3
9	7	8	5	3	2	1	4	6

Level 3 - 27

6	2	9	3	4	5	8	7	1
3	1	4	7	8	9	6	2	5
7	8	5	1	2	6	9	4	3
1	7	2	9	3	4	5	6	8
5	6	3	2	7	8	4	1	9
9	4	8	6	5	1	2	3	7
2	5	1	8	6	3	7	9	4
8	9	7	4	1	2	3	5	6
4	3	6	5	9	7	1	8	2

Level 3 - 28

8	4	2	1	6	3	5	9	7
6	3	9	7	5	2	1	4	8
7	1	5	4	9	8	3	2	6
5	7	4	8	1	6	2	3	9
9	2	8	3	7	5	6	1	4
3	6	1	2	4	9	8	7	5
1	9	3	6	8	7	4	5	2
4	8	7	5	2	1	9	6	3
2	5	6	9	3	4	7	8	1

Level 3 - 29

1	7	5	9	2	8	6	4	3
8	2	3	7	4	6	9	1	5
4	6	9	5	1	3	2	8	7
3	8	2	6	5	7	4	9	1
7	9	4	1	8	2	3	5	6
6	5	1	3	9	4	8	7	2
9	3	7	8	6	1	5	2	4
2	1	8	4	3	5	7	6	9
5	4	6	2	7	9	1	3	8

Level 3 - 30

6	1	4	9	5	2	7	3	8
7	2	5	8	6	3	4	1	9
9	3	8	4	1	7	5	2	6
3	9	7	1	8	6	2	5	4
2	5	6	3	9	4	8	7	1
8	4	1	2	7	5	9	6	3
5	8	3	7	4	1	6	9	2
4	7	2	6	3	9	1	8	5
1	6	9	5	2	8	3	4	7

Level 3 - 31

5	2	3	4	9	6	1	7	8
9	7	8	3	1	5	4	2	6
4	1	6	2	8	7	5	9	3
8	4	9	6	7	3	2	1	5
6	5	2	1	4	8	9	3	7
1	3	7	9	5	2	8	6	4
3	9	1	5	6	4	7	8	2
7	6	5	8	2	1	3	4	9
2	8	4	7	3	9	6	5	1

Level 3 - 32

6	5	2	9	7	1	4	3	8
7	3	9	5	8	4	1	2	6
8	4	1	3	2	6	5	7	9
2	8	3	1	6	5	7	9	4
9	1	5	2	4	7	8	6	3
4	7	6	8	3	9	2	1	5
3	2	7	4	9	8	6	5	1
5	6	8	7	1	3	9	4	2
1	9	4	6	5	2	3	8	7

Level 3 - 33

5	6	9	1	3	2	4	7	8
2	4	7	5	9	8	3	1	6
3	8	1	7	4	6	2	9	5
1	2	5	8	7	3	6	4	9
4	7	6	9	1	5	8	2	3
8	9	3	2	6	4	7	5	1
9	1	2	3	8	7	5	6	4
7	3	4	6	5	1	9	8	2
6	5	8	4	2	9	1	3	7

Level 3 - 34

9	3	2	5	8	1	6	4	7
6	1	4	9	7	3	5	8	2
5	7	8	2	6	4	9	3	1
8	2	5	3	9	6	7	1	4
1	9	6	8	4	7	2	5	3
3	4	7	1	2	5	8	6	9
2	6	9	4	1	8	3	7	5
7	5	1	6	3	2	4	9	8
4	8	3	7	5	9	1	2	6

Level 3 - 35

3	9	2	6	1	4	5	8	7
6	4	8	7	9	5	2	1	3
5	1	7	3	2	8	4	6	9
8	6	3	1	5	9	7	2	4
7	2	4	8	6	3	9	5	1
9	5	1	2	4	7	6	3	8
1	7	9	5	8	6	3	4	2
2	3	6	4	7	1	8	9	5
4	8	5	9	3	2	1	7	6

Level 3 - 36

Level 3 - 37

8	2	3	6	1	4	7	9	5
7	4	1	3	9	5	6	8	2
5	9	6	2	7	8	4	1	3
3	8	7	4	6	2	1	5	9
1	5	4	8	3	9	2	7	6
2	6	9	1	5	7	8	3	4
9	1	5	7	2	6	3	4	8
4	7	2	9	8	3	5	6	1
6	3	8	5	4	1	9	2	7

Level 3 - 38

8	4	7	5	9	2	1	6	3
9	6	2	1	3	8	7	4	5
3	5	1	6	7	4	9	8	2
2	3	8	9	5	7	4	1	6
4	9	6	2	1	3	8	5	7
1	7	5	8	4	6	2	3	9
5	1	4	7	6	9	3	2	8
6	8	9	3	2	1	5	7	4
7	2	3	4	8	5	6	9	1

Level 3 - 39

8	5	7	6	2	1	4	3	9
2	6	4	7	3	9	5	1	8
9	1	3	5	8	4	2	7	6
5	9	8	3	1	6	7	4	2
3	2	6	9	4	7	1	8	5
7	4	1	2	5	8	9	6	3
6	3	9	4	7	2	8	5	1
1	7	2	8	6	5	3	9	4
4	8	5	1	9	3	6	2	7

Level 3 - 40

4	8	6	2	7	3	5	9	1
9	1	2	8	6	5	7	3	4
7	3	5	4	9	1	6	8	2
1	7	8	5	2	9	4	6	3
5	4	9	1	3	6	2	7	8
6	2	3	7	8	4	9	1	5
3	9	4	6	1	2	8	5	7
8	5	1	9	4	7	3	2	6
2	6	7	3	5	8	1	4	9

Level 3 - 41

1	6	2	8	5	7	4	3	9
5	3	4	2	6	9	8	7	1
7	9	8	3	1	4	6	5	2
6	5	1	7	4	3	2	9	8
2	8	7	1	9	6	5	4	3
3	4	9	5	8	2	1	6	7
8	7	3	6	2	5	9	1	4
4	2	6	9	7	1	3	8	5
9	1	5	4	3	8	7	2	6

Level 3 - 42

9	2	7	5	6	1	3	8	4
5	3	8	2	7	4	6	9	1
1	6	4	9	8	3	5	7	2
6	5	9	1	2	7	4	3	8
2	8	1	4	3	9	7	5	6
4	7	3	6	5	8	2	1	9
7	1	6	3	9	2	8	4	5
8	9	5	7	4	6	1	2	3
3	4	2	8	1	5	9	6	7

Level 3 - 43

1	8	9	2	6	4	5	3	7
7	5	2	3	8	9	1	6	4
4	3	6	5	1	7	9	2	8
8	1	4	6	7	3	2	5	9
6	2	5	1	9	8	7	4	3
3	9	7	4	2	5	8	1	6
9	4	1	8	5	6	3	7	2
5	6	8	7	3	2	4	9	1
2	7	3	9	4	1	6	8	5

Level 3 - 44

6	7	5	8	9	2	1	3	4
2	1	8	4	7	3	6	9	5
9	4	3	1	5	6	7	2	8
1	2	4	5	3	7	8	6	9
8	6	9	2	1	4	5	7	3
3	5	7	9	6	8	4	1	2
7	8	2	3	4	1	9	5	6
5	3	6	7	8	9	2	4	1
4	9	1	6	2	5	3	8	7

Level 3 - 45

4	5	9	7	8	6	2	1	3
1	3	7	9	4	2	8	6	5
2	6	8	3	5	1	9	4	7
9	2	4	1	3	7	5	8	6
3	7	5	4	6	8	1	9	2
6	8	1	5	2	9	7	3	4
7	1	3	6	9	5	4	2	8
5	4	2	8	1	3	6	7	9
8	9	6	2	7	4	3	5	1

Level 3 - 46

8	7	6	5	3	9	2	4	1
9	4	3	6	2	1	7	8	5
5	2	1	4	8	7	6	3	9
3	5	8	1	4	6	9	2	7
4	9	7	3	5	2	1	6	8
1	6	2	7	9	8	4	5	3
6	3	9	2	7	5	8	1	4
2	8	4	9	1	3	5	7	6
7	1	5	8	6	4	3	9	2

Level 3 - 47

1	6	7	8	4	3	9	5	2
5	3	2	1	6	9	4	7	8
9	8	4	2	5	7	1	3	6
7	1	8	9	2	5	3	6	4
2	9	6	4	3	1	7	8	5
4	5	3	6	7	8	2	1	9
6	7	9	3	8	3	5	4	1
8	2	5	7	1	4	6	9	3
3	4	1	5	9	6	8	2	7

Level 3 - 48

8	1	4	3	7	5	9	2	6
9	5	3	6	2	1	8	4	7
7	2	6	8	9	4	1	3	5
4	9	2	5	3	8	7	6	1
3	8	1	2	6	7	5	9	4
6	7	5	4	1	9	3	8	2
2	6	8	7	5	3	4	1	9
1	3	7	9	4	2	6	5	8
5	4	9	1	8	6	2	7	3

Level 3 - 49

5	4	1	6	8	7	3	9	2
3	8	2	4	1	9	5	7	6
9	6	7	3	5	2	1	4	8
8	5	9	2	4	6	7	1	3
4	7	3	8	9	1	6	2	5
1	2	6	5	7	3	4	8	9
7	9	8	1	6	5	2	3	4
2	1	5	9	3	4	8	6	7
6	3	4	7	2	8	9	5	1

Level 3 - 50

4	2	8	9	7	1	6	5	3
6	9	3	8	4	5	7	2	1
7	1	5	2	6	3	4	9	8
2	4	6	3	9	7	1	8	5
5	3	1	4	8	6	2	7	9
9	8	7	1	5	2	3	6	4
8	7	9	6	3	4	5	1	2
1	5	4	7	2	8	9	3	6
3	6	2	5	1	9	8	4	7

Level 3 - 51

8	6	1	3	5	2	4	7	9
7	4	2	9	1	8	6	3	5
5	9	3	4	7	6	1	2	8
2	7	8	5	4	3	9	6	1
3	5	4	1	6	9	7	8	2
6	1	9	2	8	7	5	4	3
9	8	7	6	3	1	2	5	4
4	2	6	8	9	5	3	1	7
1	3	5	7	2	4	8	9	6

Level 3 - 52

2	1	8	3	6	4	7	9	5
4	3	9	7	8	5	2	6	1
5	6	7	2	1	9	4	3	8
6	2	4	5	3	8	9	1	7
1	7	5	6	9	2	8	4	3
8	9	3	1	4	7	6	5	2
9	5	6	8	7	1	3	2	4
3	8	1	4	2	6	5	7	9
7	4	2	9	5	3	1	8	6

Level 3 - 53

9	6	4	2	8	5	7	1	3
5	3	1	9	6	7	2	4	8
2	8	7	3	1	4	6	5	9
3	5	6	4	9	2	1	8	7
8	7	9	6	5	1	3	2	4
1	4	2	8	7	3	9	6	5
7	2	8	5	3	6	4	9	1
4	9	3	1	2	8	5	7	6
6	1	5	7	4	9	8	3	2

Level 3 - 54

5	8	9	7	6	4	1	2	3
4	3	6	2	5	1	8	7	9
1	7	2	3	8	9	6	5	4
7	1	4	6	3	5	9	8	2
8	6	5	9	1	2	4	3	7
2	9	3	8	4	7	5	6	1
3	5	7	1	9	6	2	4	8
9	4	8	5	2	3	7	1	6
6	2	1	4	7	8	3	9	5

Level 3 - 55

8	4	1	6	3	2	5	9	7
6	7	9	8	5	1	2	3	4
2	3	5	9	4	7	1	6	8
4	8	3	2	9	5	7	1	6
9	6	7	4	1	3	8	2	5
1	5	2	7	8	6	3	4	9
7	9	8	1	2	4	6	5	3
5	2	6	3	7	9	4	8	1
3	1	4	5	6	8	9	7	2

Level 3 - 56

7	8	9	2	6	5	1	3	4
1	4	6	9	8	3	5	2	7
2	5	3	1	7	4	6	8	9
9	7	2	6	3	1	8	4	5
8	1	5	7	4	9	2	6	3
3	6	4	8	5	2	7	9	1
4	2	7	5	9	8	3	1	6
5	9	1	3	2	6	4	7	8
6	3	8	4	1	7	9	5	2

Level 3 - 57

2	3	6	4	5	7	8	9	1
9	8	5	2	3	1	6	7	4
7	4	1	8	9	6	3	5	2
5	9	4	7	8	3	2	1	6
8	6	2	5	1	4	9	3	7
3	1	7	6	2	9	5	4	8
6	7	9	3	4	2	1	8	5
1	2	8	9	7	5	4	6	3
4	5	3	1	6	8	7	2	9

Level 3 - 58

9	2	6	7	1	4	5	3	8
5	7	8	9	2	3	6	4	1
1	4	3	6	5	8	2	9	7
3	9	1	2	4	6	7	8	5
7	6	5	8	9	1	3	2	4
4	8	2	5	3	7	9	1	6
8	5	9	4	6	2	1	7	3
6	3	4	1	7	9	8	5	2
2	1	7	3	8	5	4	6	9

Level 3 - 59

2	6	3	4	8	7	1	9	5
4	7	8	9	1	5	2	6	3
1	9	5	2	6	3	7	8	4
3	2	6	7	4	9	8	5	1
8	4	7	6	5	1	3	2	9
9	5	1	3	2	8	6	4	7
5	8	2	1	3	4	9	7	6
6	1	9	5	7	2	4	3	8
7	3	4	8	9	6	5	1	2

Level 3 - 60

3	6	2	4	1	5	8	7	9
9	7	4	2	3	8	6	1	5
1	8	5	9	6	7	3	4	2
8	1	9	3	5	4	7	2	6
2	3	6	1	7	9	5	8	4
4	5	7	6	8	2	1	9	3
5	9	1	7	2	6	4	3	8
7	4	8	5	9	3	2	6	1
6	2	3	8	4	1	9	5	7

Level 3 - 61

9	5	4	6	3	2	1	7	8
8	1	3	4	9	7	5	2	6
7	6	2	1	8	5	4	3	9
5	7	6	9	4	3	8	1	2
4	8	1	7	2	6	9	5	3
2	3	9	8	5	1	6	4	7
3	2	8	5	6	4	7	9	1
6	4	7	2	1	9	3	8	5
1	9	5	3	7	8	2	6	4

Level 3 - 62

3	4	9	7	8	6	2	5	1
5	1	7	4	3	2	9	6	8
6	2	8	9	1	5	7	3	4
1	3	4	8	6	7	5	2	9
8	7	5	3	2	9	4	1	6
9	6	2	5	4	1	8	7	3
2	9	3	1	7	4	6	8	5
4	8	6	2	5	3	1	9	7
7	5	1	6	9	8	3	4	2

Level 3 - 63

6	1	2	4	9	5	7	3	8
9	7	4	8	6	3	2	1	5
5	8	3	7	2	1	6	9	4
7	5	6	9	4	8	3	2	1
1	3	8	2	5	6	9	4	7
2	4	9	3	1	7	8	5	6
3	2	1	6	7	4	5	8	9
4	9	7	5	8	2	1	6	3
8	6	5	1	3	9	4	7	2

Level 3 - 64

3	7	4	2	1	8	6	9	5
1	8	6	9	5	4	2	7	3
9	2	5	6	7	3	1	8	4
5	9	2	3	6	7	4	1	8
8	3	1	5	4	2	9	6	7
6	4	7	1	8	9	3	5	2
7	1	3	4	9	5	8	2	6
4	6	8	7	2	1	5	3	9
2	5	9	8	3	6	7	4	1

Level 3 - 65

9	6	3	5	2	1	7	4	8
8	7	4	9	6	3	2	5	1
1	5	2	8	7	4	9	3	6
7	1	5	3	9	8	6	2	4
2	4	6	7	1	5	3	8	9
3	8	9	6	4	2	1	7	5
4	3	1	2	8	6	5	9	7
6	2	7	4	5	9	8	1	3
5	9	8	1	3	7	4	6	2

Level 3 - 66

5	8	9	2	7	3	1	6	4
4	1	3	5	9	6	7	2	8
7	6	2	8	1	4	5	9	3
1	4	6	9	8	5	3	7	2
9	2	7	3	4	1	6	8	5
8	3	5	6	2	7	4	1	9
2	7	4	1	3	8	9	5	6
3	5	8	7	6	9	2	4	1
6	9	1	4	5	2	8	3	7

Level 3 - 67

8	6	3	7	2	1	5	9	4
2	4	5	6	8	9	1	7	3
9	1	7	3	5	4	6	8	2
3	9	2	8	1	5	7	4	6
4	5	6	9	3	7	8	2	1
1	7	8	4	6	2	9	3	5
7	3	1	2	9	6	4	5	8
6	8	4	5	7	3	2	1	9
5	2	9	1	4	8	3	6	7

Level 3 - 68

1	9	2	7	5	6	8	4	3
4	7	3	1	2	8	5	9	6
6	8	5	4	9	3	1	7	2
7	6	8	3	4	1	9	2	5
3	2	1	9	7	5	4	6	8
9	5	4	8	6	2	3	1	7
8	1	6	2	3	4	7	5	9
5	4	9	6	8	7	2	3	1
2	3	7	5	1	9	6	8	4

Level 3 - 69

3	2	7	6	8	1	9	5	4
6	9	5	7	2	4	8	3	1
4	8	1	3	9	5	6	2	7
7	4	3	2	5	6	1	8	9
2	1	8	4	3	9	5	7	6
9	5	6	1	7	8	2	4	3
5	3	9	8	6	7	4	1	2
8	7	4	9	1	2	3	6	5
1	6	2	5	4	3	7	9	8

Level 3 - 70

8	1	7	2	3	5	6	9	4
3	9	6	8	1	4	7	5	2
5	4	2	9	6	7	1	8	3
1	6	5	3	4	2	9	7	8
2	8	3	7	9	6	5	4	1
9	7	4	5	8	1	3	2	6
6	2	8	1	7	9	4	3	5
4	5	9	6	2	3	8	1	7
7	3	1	4	5	8	2	6	9

Level 3 - 71

4	3	9	5	2	7	6	1	8
6	5	2	1	9	8	3	4	7
7	1	8	6	4	3	9	5	2
9	6	1	7	5	2	8	3	4
5	7	4	3	8	6	2	9	1
2	8	3	9	1	4	5	7	6
1	4	6	2	3	9	7	8	5
8	9	7	4	6	5	1	2	3
3	2	5	8	7	1	4	6	9

Level 3 - 72

6	4	5	9	3	8	1	2	7
2	1	9	7	6	4	3	5	8
3	7	8	2	5	1	9	4	6
7	6	2	3	4	9	5	8	1
9	3	1	5	8	6	4	7	2
8	5	4	1	7	2	6	3	9
4	2	6	8	1	3	7	9	5
1	8	7	4	9	5	2	6	3
5	9	3	6	2	7	8	1	4

5	3	6	9	4	1	7	8	2
4	8	2	6	7	3	1	5	9
1	9	7	5	8	2	6	4	3
6	5	9	7	3	8	4	2	1
3	7	1	2	5	4	9	6	8
8	2	4	1	9	6	3	7	5
9	6	3	8	2	7	5	1	4
7	4	8	3	1	5	2	9	6
2	1	5	4	6	9	8	3	7

Level 3 - 73

3	6	7	2	1	9	5	4	8
1	5	8	6	4	3	9	7	2
9	4	2	7	8	5	1	6	3
6	1	4	3	9	8	7	2	5
5	7	3	4	6	2	8	1	9
8	2	9	1	5	7	6	3	4
7	3	5	9	2	6	4	8	1
4	8	6	5	3	1	2	9	7
2	9	1	8	7	4	3	5	6

Level 3 - 74

9	2	7	1	8	3	5	6	4
3	6	4	7	2	5	8	9	1
8	5	1	4	9	6	3	2	7
6	3	9	8	1	4	7	5	2
7	8	5	2	6	9	4	1	3
4	1	2	3	5	7	6	8	9
1	9	3	6	7	8	2	4	5
2	4	8	5	3	1	9	7	6
5	7	6	9	4	2	1	3	8

Level 3 - 75